ÍCONES DA MODA
MASCULINA

ÍCONES DA MODA **MASCULINA**

JOSH SIMS

PUBLIFOLHA

Título original: *Icons of Men's Style*

Publicado originalmente na Grã-Bretanha em 2011 por Laurence King Publishing Ltd., 361-373 City Road, Londres EC1V 1LR.

Coordenação do projeto: Publifolha
Editora assistente: Fabiana Medina
Produtora gráfica: Samantha R. Monteiro

Produção editorial: A2
Coordenação: Sandra R. F. Espilotro
Tradução: Débora Isidoro
Consultoria: Eduardo Viveiros
Preparação de texto: Ronald Polito
Revisão: Maria A. Medeiros, Carmen T. S. Costa
Diagramação: A2

Edição original: Laurence King Publishing
Design: Rudd Studio
Editores de iconografia: Christina Borsi e Heather Vickers

Dados Internacionais de Catalogação na Publicação (CIP)
(Câmara Brasileira do Livro, SP, Brasil)

Sims, Josh

Ícones da moda masculina / Josh Sims ; [traduzido por Débora Isidoro].
-- São Paulo : Publifolha, 2014.

Título original: Icons of men`s style.
ISBN 978-85-7914-568-1

1. Moda masculina - História I. Título.

14-12674 CDD-391.109

Índices para catálogo sistemático:
1. Moda masculina : Usos e Costumes : História 391.109

Este livro segue as regras do Acordo Ortográfico da Língua Portuguesa (1990), em vigor desde 1º de janeiro de 2009.

Impresso na Prosperous, China.

PUBLIFOLHA
Divisão de Publicações do Grupo Folha
Al. Barão de Limeira, 401, 6º andar
CEP 01202-900, São Paulo, SP
Tels.: (11) 3224-2186/2187/2197
www.publifolha.com.br

SUMÁRIO

NTRODUÇÃO

No mundo da cultura popular, um ícone é uma pessoa que, capturando o espírito do tempo ou, mais precisamente, tendo a mídia lhe imposto esse espírito, passa a representar certa característica. Há ícones de moda e estilo, de sensualidade e de masculinidade. Eles são os "grandes" de seu tempo, imitados por muitos, inspiradores para muitos mais, e o status de ícone com frequência permanece por muito tempo depois que eles morrem. Pode parecer estranho que a moda masculina também tenha ícones duradouros - e, em especial, que sejam itens de vestuário, não astros de Hollywood, como Fred Astaire e Steve McQueen, cujos papéis no cinema ou estilo pessoal fizeram deles modelos atemporais de um jeito de se vestir.

Enquanto o guarda-roupa feminino tem seus clássicos - peças duradouras sempre reinterpretadas e atualizadas -, há, sem dúvida, mais deles no vestuário masculino. Em parte porque as roupas femininas são mais um produto da moda, que pode ser definida como mudança frequente para seu próprio bem. O vestuário masculino, por outro lado, também é um produto da moda, mas isso tende a aparecer somente nos detalhes, em um avanço lento e evolutivo, não em elaborações de estilo radicais. Peças masculinas são variações de um tema bem reconhecível, e não uma novidade completa. Desde que o dândi inglês Beau Brummell introduziu uma nova, sóbria e ajustada contenção no vestuário masculino no início do século XIX, o exibicionismo passou a ser rejeitado. O conservadorismo no vestir tem sido a marca do cavalheiro. Assim, muito do guarda-roupa masculino - produções-chave, cores aceitáveis, silhuetas padrão - tem permanecido igual, em grande parte, há um século, talvez, ou mais.

Isso não quer dizer que não houve mudanças. Houve inovação, em geral nascida da necessidade e da utilidade: roupas, acessórios e adornos que, hoje, podem parecer velhos e sem graça, mas que foram inovadores. Ao longo da duradoura onipresença, foram exemplos de design no mais puro sentido - feitos não para brilhar, mas para funcionar. Um problema era identificado, depois eram tratadas as questões têxteis de corte, conforto, custo e uso, e elas eram abordadas, com as demandas da produção em grande escala, para alcançar uma solução ideal.

Muitos produtos corresponderam com tanto sucesso às demandas específicas do uso profissional, esportivo ou militar que estabeleceram novos padrões e geraram muitas imitações. Outros são apenas o ápice de um longo e mal definido processo de refinamento que os tornou genéricos de seus tipos. Quase com certeza, qualquer homem que esteja lendo este livro tem alguns deles.

FRED ASTAIRE E BING CROSBY

Ao serem os primeiros de sua espécie, ou ao aperfeiçoarem as esquecidas falhas de antes, esses itens formaram o que pode ser chamado de cânone do vestuário masculino. Eles criaram as referências para as versões subsequentes de seu gênero. Isso não quer dizer que não possam ser melhorados; estilistas criativos tiram proveito máximo das últimas tecnologias para conceber roupas e acessórios masculinos que são, em alguns aspectos, superiores aos originais - talvez na facilidade de uso, leveza, durabilidade, utilidade e, às vezes, qualidade, embora raramente em termos de puro estilo.

Também podemos dizer que esses produtos referenciais tiveram a sorte a seu lado. Em alguns casos, é possível comprovar isso pelo reconhecimento de que um precursor próximo ou contemporâneo desafiou os mesmos limites mais ou menos ao mesmo tempo e de maneira semelhante. Por alguma razão insondável - talvez uma questão comercial, talvez por ainda existirem hoje muitas companhias ou organizações por trás dos produtos, ou por causa do misterioso processo que culmina em algo *cool* -, foram os itens deste livro que cativaram a imaginação.

E continuam cativando, já que muitos sugerem aventuras ou - em um passado visto através de uma névoa nostálgica - tempos em que todos os homens se vestiam com elegância, estivessem eles a caminho da pista, prontos para limpar o deque, cortar uma árvore ou apenas passear pela cidade. Esses são os ícones do vestuário masculino e suas histórias. Alguns tiveram seus momentos na moda. Outros foram cooptados como o uniforme de uma determinada subcultura. Todos são difíceis de superar.

1.
CASACOS

BLUSÃO / JAQUETA ENCERADA / SOBRETUDO / JAQUETA JEANS / CASACO DUFFLE / PARCA RABO DE PEIXE / JAQUETA AVIADOR / CAPA DE CHUVA (MAC) / JAQUETA BIKER / CASACO DE MARINHEIRO / JAQUETA BOMBER / JAQUETA MILITAR / TRENCH COAT

BLUSÃO

CASACOS

Não contente em ser uma pedra no caminho do Ocidente no fim da década de 2000, o então presidente do Irã, Mahmoud Ahmadinejad, tornou-se um improvável líder de estilo. O motivo foi o blusão de algodão claro que virou sua marca, conhecido como *ahmadine-jacket*, e que foi inspiração para empreendedores iranianos encomendarem enormes carregamentos de cópias a fabricantes chineses para serem usadas nos mercados do país pelos seguidores mais leais do presidente.

Ahmadinejad pode não ter atentado para o fato de o blusão - claro, simples, casual, confortável, mais elegante que uma jaqueta jeans, menos carregado de estereótipos que uma jaqueta de couro - também ter sido a opção dos poderosos no Ocidente. O presidente John F. Kennedy era fã, embora só o usasse quando velejava; Bill Clinton foi fotografado vestindo um tantas vezes que a peça quase se tornou sua marca registrada; George W. Bush gostava de usar um desses para fazer anúncios no convés de porta-aviões.

O blusão - também conhecido como *windbreaker* [corta-vento], jaqueta de golfe ou Harrington - é uma peça quase oficial para presidentes dos Estados Unidos. A Força Aérea fornece a peça bordada com o brasão presidencial a cada ocupante do cargo, a ser usado a bordo do *Air Force One*. Em contraste, ele é também um blusão comum, por ser a peça utilitária de funcionários do correio e bombeiros, oficiais de polícia, entregadores e vigias de estacionamento.

A funcionalidade do blusão é em grande parte responsável por seu apelo: é leve, mas à prova de chuva, e confortável para todas as idades. Mas a jaqueta se tornou peça importante no vestuário masculino após 1950 por influência da cultura pop. Foi adotada como parte do uniforme adolescente nos anos 1950 que prefigurava o estilo *preppy* e, vinte anos depois, pelos movimentos skinhead e mod no Reino Unido. Isso aconteceu graças ao pioneiro John Simons, comerciante londrino, e sua loja Ivy Shop, onde havia filas para comprar os blusões; os integrantes da banda The Clash adotaram a peça para seus shows na Times Square em 1981.

Página ao lado: James Dean representou o adolescente arquetípico em *Juventude transviada*, de 1955. O blusão é usado com certo descuido - quase aberto, mas não de todo -, permitindo que apareça outra peça essencial dos jovens da época, a camiseta.

O modelo propriamente dito é de 1937, quando John e Isaac Miller, donos de uma fábrica de roupas em Manchester, no norte da Inglaterra, começaram a produzir seu blusão G9 sob a marca Baracuta. Como muitas de suas diversas imitações, era uma jaqueta de algodão simples, com gola levantada, punhos de malha, mangas raglã e bolsos inclinados com abas. A G9 tinha um forro característico em xadrez escocês vermelho, verde e preto do clã Fraser, cujo uso foi permitido por Simon Fraser, 24º lorde Lovat. A empresa também fabricava roupas de chuva (as capas mac dos uniformes de "desmobilização" para as tropas britânicas em 1945 e para a seleção inglesa campeã da Copa do Mundo de 1966). Mas em 1950, quando a Baracuta começou a exportar para os Estados Unidos, o G9 roubava a cena. Quando Elvis Presley o usou em *Balada sangrenta*, em 1954, e James Dean apareceu com jaqueta semelhante em *Juventude transviada* no ano seguinte, seu status foi assegurado.

Steve McQueen aderiu ao modelo e usou a G9 ao ser fotografado em cima de uma de suas várias motocicletas para a capa da revista *Life* em 1963. No ano seguinte, a G9 fez parte do figurino de Ryan O'Neal na série de televisão de grande sucesso *A caldeira do diabo*. O nome de seu personagem? Rodney Harrington – daí o apelido informal da jaqueta. Em 1966, até Frank Sinatra usou uma delas em *Assalto a um transatlântico*. Porém, o modelo não ficaria restrito ao mundo *cool*. O largo blusão à prova d'água também era prático no campo de golfe: quando Arnold Palmer lançou sua primeira coleção de roupas para golfe, em 1970, ele trabalhou com a Baracuta para a produção das jaquetas.

À esquerda: Steve McQueen na capa da *Life* em 1963 – quando *Fugindo do inferno* confirmou-o como astro global. O apreço de McQueen pelo blusão descontraído parecia refletir seus hobbies masculinos de ação. Abaixo: Arnold Palmer ajudou a fazer do blusão um item essencial no golfe: à prova de vento e chuva, mas confortável. Página ao lado: Daniel Craig como James Bond em *007 – Quantum of solace* (2008) usa a mais elegante – embora, no caso, marcada por batalhas – versão G4 da jaqueta Baracuta, com corte mais enxuto e sem punhos ou barra canelados.

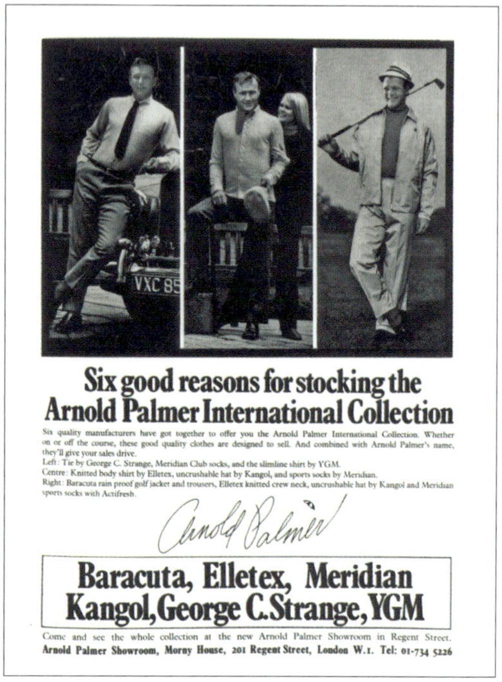

JAQUETA ENCERADA

CASACOS

A capa data de 1908 e tinha a inscrição "John Barbour & Sons - Oilskin Clothing, Factors & Warehousemen - Market Place, South Shields". Era do primeiro catálogo do fornecedor de roupas resistentes, a todos os climas, principalmente para marinheiros e trabalhadores das docas, cerca de catorze anos depois de John Barbour, um escocês nascido em 1849, fundar seu varejo de tecidos. Mas foi só em 1980 que a Barbour, ainda uma empresa familiar, se tornou conhecida no mundo e suas jaquetas alcançaram status de ícone.

Isso foi resultado de uma fotografia selecionada para o catálogo de 1980. Ela mostrava um casal jovem e bonito no uniforme rural inglês de botas verdes de borracha, boinas e jaquetas Barbour, passeando pelos campos com seu terrier jack russell. O filho de John Barbour havia ampliado o público-alvo da empresa em 1906 para incluir fazendeiros, mas a imagem ainda era muito distante daquela de trabalho duro e desgastante do começo da marca. De fato, ela simbolizava uma nova geração de urbanos com pretensões à vida no campo: o campo de mansões e Range Rovers, não aquele onde é preciso acordar de madrugada e limpar esterco. Tão definitivo era o tipo, chamado de *sloane ranger* pelo comentarista cultural Peter York, que dividiu opiniões - era, ao mesmo tempo, uma figura de aspiração e aprovação - e, em parte, definiu a década.

A imagem também parecia desafiar o que até então havia sido a utilidade e a especialização das peças da Barbour, e o tecido de algodão encerado, marca registrada, do qual eram feitas. Embora não estivesse mais nesse mercado, a empresa havia fornecido as primeiras roupas para motociclistas em 1911 e lançado a aclamada jaqueta International, também para motociclistas, em 1936. Ela havia criado o traje Ursula para mau tempo, batizado em homenagem ao submarino classe U de mesmo nome, para os submarinistas britânicos na Segunda Guerra Mundial. A Barbour depois se tornaria conhecida por seu modelo Cowan Commando usado no conflito das ilhas Malvinas em 1982. Porém, no catálogo de 1980, a jaqueta era associada a uma nova moda country.

À esquerda e abaixo: A origem da Barbour está na produção de roupa industrial para pescadores e trabalhadores de ofícios que enfrentavam todos os climas. Mas foi a imagem do fazendeiro, criada nos anos 1980, que relançou a jaqueta como item de estilo e peça básica do estereótipo de *sloane*.

Barbour
CLASSIC BEAUFORT
Barbour

Acima: A identidade gráfica da Barbour mudou ao longo das décadas, mas o forro xadrez sempre foi característico de suas jaquetas. O xadrez escocês pode levar algumas pessoas a presumir que a Barbour é da Escócia, não do nordeste da Inglaterra.

Dois modelos capturaram a imaginação e consolidaram a mudança da Barbour de fabricante de roupas "industriais" para fabricante de "roupas country". A Bedale, de 1980, curta, leve e à prova de rasgos, foi criada pela presidente da empresa, Dame Margaret Barbour, como jaqueta de equitação. Tinha características que viraram marcas registradas de uma Barbour: grandes bolsos utilitários, gola de veludo cotelê e fecho de zíper com argola. A Beaufort foi desenvolvida dois anos depois como uma jaqueta para a prática de tiro, baseada em modelos que Margaret Barbour havia visto na França (daí o nome afrancesado), onde roupas para essa modalidade eram orientadas mais pela funcionalidade do que pelos códigos de indumentária do esporte.

A Beaufort era fabricada apenas em verde-sálvia, que se tornou uma cor da casa para a marca Barbour. Ela acrescentou às marcas registradas da companhia dois bolsos para aquecer as mãos e um bolso traseiro do tamanho da largura das costas para guardar a caça, forrado com náilon para facilitar a lavagem do sangue. Não que os vários fãs urbanos notassem isso. Eles ficavam mais impressionados com o fato de a jaqueta ser usada por membros da família real britânica quando estavam em Balmoral, na Escócia. A rainha deu sua Garantia Real à Barbour em 1982, e o príncipe de Gales, a dele em 1987.

Cópias mais baratas das Barbours inevitavelmente inundaram o mercado - um reconhecimento desajeitado de seu status de clássico -, e a popularidade das jaquetas atingiu círculos que as distanciaram de seu início de *sloane*. Hoje elas são respeitadas tanto por sua função quanto pelo status de moda country.

SOBRETUDO

CASACOS

Um casaco criado pela empresa de uma família escocesa em 1772 poderia ser um totem de estilo improvável para teddy boys, mods e skinheads. Mas em suas várias formas o Crombie, como era chamado carinhosamente, tornou-se tão parte de seus uniformes específicos quanto certas camisetas polo ou sapatos.

O casaco fazia parte do cânone do vestuário masculino muito antes dos anos 1950. John Crombie nasceu em uma família de empresários têxteis e, em 1805, fundou uma fábrica de lã em Aberdeen. A ideia original era vender tecidos de qualidade não só para comerciantes, mas diretamente para alfaiates. Isso significava que já havia um tipo de associação com a precisão da alfaiataria muito antes de Crombie começar a fazer casacos com sua marca nos anos 1880. No começo da história da empresa, um modelo inovador foi apelidado de "casaco russo", em grande parte porque foi criado para proteger o usuário do frio que se imaginava fazer no mais rigoroso inverno siberiano.

Outro casaco, criado especificamente para a família real russa usar no campo, foi o Covert - da palavra francesa *couvert*, um lugar sombrio ou encoberto. Ele tinha uma gola de veludo de cor contrastante, bolsinho, bolso interno de caçador e faixas de costura reforçada no punho e na bainha. Era feito de tecido macio e resistente preto ou bege. Tornou-se o padrão para o clássico sobretudo Crombie, embora a Crombie e outra empresa britânica, Cordings, estabelecida em 1839, tenham discordado sobre qual delas teria sido a pioneira no estilo; a Cordings afirma que seu fundador, John Cording, criou a peça como casaco de montaria em 1877.

O casaco Cordings foi selecionado depois para a coleção permanente de moda do Museu Victoria & Albert em Londres. Mas o sucesso da Crombie no fim do século XIX, em especial pelas exportações pela Europa, e para os Estados Unidos e a Rússia (onde os casacos se tornaram populares entre a aristocracia), significava que ele era usado de modo incorreto para descrever certo modelo simples: um casaco de lã grossa, densa, escura, de abotoamento simples (às vezes com bo-

Página ao lado: Salvador Dalí, na chegada a Londres em 1955, usa um casaco de abotoamento duplo em estilo Chesterfield, com mala de couro de crocodilo, bengala e bigode encerado. À direita: O jovem príncipe de Gales em 1912, mais tarde rei Eduardo VIII e, depois de abdicar ao trono em dezembro de 1936, duque de Windsor. Abaixo: Um exemplo do clássico casaco Covert, com seu bolso característico.

tões ocultos), com lapelas estreitas e corte reto, de comprimento logo acima dos joelhos. Sua reputação durou: quando o premier russo Mikhail Gorbachev visitou o Ocidente para pôr em prática sua política de Glasnost, ele vestia um Crombie.

A fama do Crombie de proteger do frio forte também conquistou contratos militares - um indiscutível selo de aprovação. O primeiro foi com o Exército Confederado durante a Guerra Civil Americana (1861-65), quando a cor do tecido tornou-se conhecida como cinza-rebelde. Os casacos eram fornecidos à França sitiada pelo Exército da Prússia em 1871; há uma anedota sobre um cliente encomendar um Crombie via balão de ar quente. O chamado British Warm [o casaco britânico quente] - de abotoamento duplo, com lapelas pontudas, dragonas e, às vezes, cinto - era usado por oficiais ingleses na Primeira Guerra Mundial.

Na década de 1930, interiores aquecidos e viagens de automóvel indicavam que tecidos muito pesados não eram mais necessários, e versões mais leves do Crombie foram desenvolvidas. O casaco tornou-se parte indiscutível do guarda-roupa masculino, de certa forma por ser preferido por homens como Eduardo, príncipe de Gales, Winston Churchill, Frank Sinatra e os presidentes dos Estados Unidos Dwight D. Eisenhower e John F. Kennedy. Decerto, o fato de ser considerado uma peça de oficiais, nobres e poderosos só reforçava a percepção de que um Crombie era um casaco para as classes superiores. Essa era uma ideia que movimentos de estilo a partir da década de 1950 subverteram ao se apoderarem do casaco - o Crombie tem sido igualmente o casaco de estadistas e gângsteres.

Página ao lado: Gary Cooper, com um elegante sobretudo de lapelas pontudas, e a atriz mexicana em ascensão Lupe Vélez, em 1929, alimentando boatos sobre um noivado. À esquerda: Frank Sinatra no aeroporto de Londres em 1956, preparado para o frio. Abaixo: O presidente americano eleito John F. Kennedy e o presidente general Dwight D. Eisenhower deixam a Casa Branca em Washington rumo à colina do Capitólio para a posse de Kennedy, em 1961.

JAQUETA JEANS

CASACOS

Quando Bing Crosby foi impedido de entrar em um hotel de luxo nos anos 1950 por usar uma jaqueta jeans, a Levi Straus & Co. fez para ele um smoking no mesmo tecido. Foi uma resposta sagaz. A jaqueta era um símbolo do mundo do trabalho havia cerca de setenta anos, por isso sua aparição em um evento luxuoso podia ser inesperada. Mas foi por isso que suas variações, diversas delas leituras de um modelo simples, cinturado, com bolso de camisa, agradaram aos homens de atividades ao ar livre e trabalhadores, para quem foram criadas, aos peões de ranchos e intelectuais da geração beat, roqueiros do heavy metal e artistas.

A primeira jaqueta jeans data, talvez, dos anos 1870 e surgiu logo depois da primeira calça jeans (os registros iniciais da jaqueta são imprecisos porque o terremoto de São Francisco em 1906 destruiu os arquivos de muitas empresas de roupas para trabalho). Nomes há muito extintos, como Boss of the Road, Stronghold e Heynemann (que surgiu em 1851 com sua intrigante marca Can't Bust Em), fabricavam vários tipos de roupas de trabalho em jeans. Porém, foi a Levi Strauss & Co. que apresentou a primeira jaqueta jeans com rebites; era dela a patente da invenção.

A empresa fez outras jaquetas: estilo saco, por volta de 1910 (de corte mais largo e criada para usar sobre jardineiras); forrada com cobertor (uma tendência que surgiu e desapareceu até voltar à moda na década de 1950); jaquetas feitas de lona pesada... Mas o primeiro a esboçar o estilo arquetípico foi o lote 506, de 1905, com pregas frontais costuradas que podiam ser desfeitas para dar mais espaço para o aquecimento, um bolso no peito e uma fivela nas costas que conferia à jaqueta uma forma mais ajustada. O modelo se tornou tão popular que uma versão econômica, a 213, teve de ser lançada.

A cada geração a Levi's foi evoluindo o modelo. A 506 se tornou a favorita do roqueiro Eddie Cochran, mas também inspirou imitações, como a jaqueta 401, de H. D. Lee, de 1925. A jaqueta 507 da Levi's, a chamada tipo 2, de 1953, recebeu um bolso extra e teve a fivela das costas trocada por ajustadores laterais, que na época foram considerados responsáveis por um visual mais limpo e moderno.

Página ao lado: Bing Crosby, todo vestido com jeans, inclusive com um blusão de pregas frontais (como eram chamadas as primeiras jaquetas) modelo 506 da Levi's. À direita: Mais conhecido pelo cachimbo e o cardigã, Crosby era um fã tão grande do jeans que, quando foi impedido de entrar em um hotel por estar vestido com ele, voltou outro dia em um smoking que mandou fazer no mesmo tecido. Desde então, a jaqueta jeans tornou-se quase marca registrada para homens como o artista pop Peter Blake.

Página ao lado: A jaqueta Lee Storm Rider, com forro de cobertor e gola de veludo, lançada nos anos 1930. Acima: Havia muitas variações da ideia da jaqueta jeans nos primeiros dias da Levi Strauss & Co., como mostra este anúncio do fim do século XIX.

O modelo também tinha imitadores, como a primeira jaqueta da Wrangler's, a 11MJ; as primeiras peças incorporaram aberturas para permitir mais liberdade de movimento.

Em 1962, a Levi's lançou sua 557XX pré-encolhida. Com dois bolsos com abas, mais altos no peito, e costuras em V características dos bolsos até a cintura, ela era considerada o estilo "caminhoneiro" clássico (nome dado pelos fãs, não pela companhia). A jaqueta era preferida por motoristas de carretas que viajavam longas distâncias, embora a Levi's a tenha criado pensando nos peões de rancho – como havia sido com sua definitiva camisa *sawtooth western* [padrão de xadrez], de 1938. Talvez a 557 tenha surgido tarde para esse mercado. Nos anos 1930, a linha de roupas Dude Ranch, da qual ela fazia parte, foi direcionada para os moradores das cidades e sugeria que o estilo de vida country estava morrendo, tornando-se um mito. Em vez disso, a 557 foi escolhida por cavaleiros de corcéis de metal e passou a simbolizar a contracultura *easy rider*.

Se a Levi's definiu a jaqueta usada para fins industriais e gerais, o mercado ocidental tinha outros favoritos. Em 1933, H. D. Lee apresentou sua jaqueta linha seca 101J – companheira de seu jeans 101 e primeira peça original de roupa de caubói. No mesmo ano ocorreu o lançamento da jaqueta Storm Rider, essencialmente uma 101J com forro de cobertor e gola com forro de veludo cotelê, que se tornou o padrão caubói nas três décadas seguintes, tanto na ficção quanto na vida real: Kirk Douglas usou uma em *Sua última façanha* (1962), assim como Paul Newman em *O indomado* (1963) e, talvez a maior influência de todas – mesmo para os homens –, Marilyn Monroe em *Os desajustados* (1961).

CASACO DUFFLE

CASACOS

É irônico que o comandante do 8º Exército Britânico na Segunda Guerra Mundial, que levou suas tropas Ratos do Deserto à vitória sobre Rommel no calor escaldante de El Alamein no Norte da África, seja tão associado a um pesado casaco de lã com capuz criado para proteger do frio do Atlântico Norte. A imagem do marechal de campo Bernard Montgomery foi definida, em parte, por seu diferente e algumas vezes pobre vestuário de tempos de guerra – o suéter cinza de tricô e, mais famosa, a boina –, mas foi talvez mais bem capturada por sua preferência pelo duffle.

Para uma criação militar, esse casaco é tido como aconchegante, tendo sido a escolha para o urso peruano (e personagem de livro infantil) Paddington e o uniforme do movimento de desarmamento nuclear britânico do fim dos anos 1950. Mas a base do modelo é bem anterior à Segunda Guerra Mundial: "duffle" deriva da cidade belga de Duffel (agora parte da Antuérpia), onde é produzido desde a Idade Média um pesado tecido de lã com elevado teor de lanolina que o torna naturalmente impermeável. Ele foi usado para fazer casacos para o pessoal da Marinha Real durante a Primeira Guerra Mundial, mas não no estilo duffle.

O fecho característico do casaco duffle – grandes bastões de madeira que se encaixam em laçadas de corda – pode ser manipulado com facilidade por mãos frias, e acredita-se que surgiu entre camponeses belgas que usavam todos os materiais disponíveis. O casaco preservou sua natureza humilde. Durante a Segunda Guerra Mundial, quando o que hoje é conhecido como casaco duffle era fabricado de acordo com especificações do Ministério de Guerra Britânico como um item de uso geral da Marinha Real, os casacos poucas vezes eram entregues a qualquer soldado. Em vez disso, um casaco era escolhido e usado por quem precisasse dele, oficiais e subalternos. A modelagem ampla o tornava funcional para quase todos os tamanhos e formas. A maioria dos filmes clássicos de guerra naval – *Mar cruel* (1953), por exemplo – mostra o casaco duffle. Mais tarde David Bowie usou um em *O homem que caiu na Terra* (1976).

Foi o marechal de campo Montgomery que popularizou um casaco criado para navegantes, considerado deselegante e sem forma pelas classes de oficiais. Por acaso, o mesmo casaco, barato e abundante como excedente militar, foi adotado por protestantes na primeira marcha da Campanha pelo Desarmamento Nuclear, de Londres a Aldermaston, em 1958.

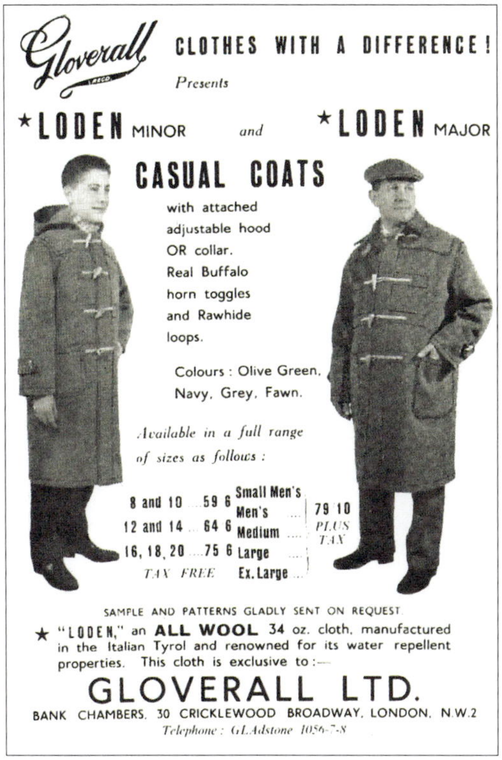

A transição do duffle para vestimenta civil aconteceu porque muitos casacos sobraram depois da guerra. O Ministério da Defesa entrou em contato com a M & F Morris Industrial Clothing, fornecedor especializado em macacões e luvas de cota de malha, e pediu ajuda para colocar as peças no mercado. Para tornar os casacos mais atraentes ao público cansado da guerra e de tudo associado a ela, o chefe da companhia, Harold Morris, criou para ele em 1951 a marca Gloverall.

A demanda por casacos Gloverall - acessíveis, duráveis e muito quentes - foi tanta que, com o fim do estoque excedente, a companhia começou a fabricá-los em uma versão mais enxuta e atual do que a do pai de Morris, um mestre de alfaiataria. O capuz foi reduzido, foram acrescentados bolsos com abas, um novo tecido de lã dupla face em marinho e caramelo substituiu o usado pela Marinha Real (um castanho natural), os fechos de madeira foram trocados por outros de chifre, e as laçadas de corda deram lugar às de couro. O estilo da marca foi chamado de 512 e em 1955 passou a ser exportado. O cineasta francês Jean Cocteau, tirando proveito das inclinações democráticas do casaco, foi fotografado usando um, não só em lugares comuns, mas também em grandes ocasiões. O ator James Stewart era um fã. John F. Kennedy usava um 512 para velejar no inverno.

Apesar de todo o novo glamour - embora de ar caseiro -, o casaco duffle nunca perdeu suas raízes intrépidas. Em 1979, os membros da expedição britânica Transglobe o usaram, assim como os integrantes da equipe britânica da Olimpíada de Inverno de 1980, para as quais o casaco era parte do uniforme oficial. Por mais que as origens sejam belgas, o casaco duffle passou a ser visto como inglês na sua essência.

Página ao lado: David Bowie, no papel de um extraterrestre, usou um casaco duffle em *O homem que caiu na Terra* (1976). Ele recriou a imagem como arte pop para a capa do álbum *Low*, de 1977. É um longo caminho desde a Segunda Guerra, quando o modelo mantinha marinheiros vivos.

PARCA RABO DE PEIXE

CASACOS

A parca rabo de peixe dos anos 1950 pode ser considerada um dos primeiros sistemas de "roupa conversível", com diversos elementos que compõem uma peça que agasalha progressivamente. A uma camada externa leve e solta de algodão resistente podiam ser acrescentados um forro removível de felpa grossa de lã de alpaca e um capuz com acabamento de pele. Cada "nadadeira" da rabo de peixe era amarrada em torno das pernas e criava um ambiente fechado e isolado – e uma aerodinâmica mais segura e eficiente para os paraquedistas.

O Exército dos Estados Unidos havia tentado desenvolver tal sistema durante a Segunda Guerra Mundial para resolver problemas com o tempo frio. O OD-7 era um casaco com capuz e forro, feito com felpa no início de 1945 e fibra de vidro em 1947. Mas nenhum dos dois deu certo, e depois do aprimoramento dos detalhes o M-48, ou M-1948 (ano de sua apresentação), foi lançado. Ele era uma versão aperfeiçoada do conceito inicial complementada com um bolso no braço – uma ideia emprestada da jaqueta de combate MA-1 (p. 36).

Mas foi só com a M-51, ou M-1951, apresentada em junho de 1951 durante a Guerra da Coreia (1950-53), que o modelo parca se disseminou. As primeiras operações militares de inverno haviam sido desastrosas, em parte por causa da falta de roupas de frio, e isso proporcionou incentivo para manter os custos baixos e abastecer mais tropas com parcas. A M-51 era produzida em massa e a preço mais baixo que suas predecessoras: o forro de felpa e o bolso na manga foram removidos, e o acabamento de pele foi substituído por outro sintético. Removido o forro, a camada externa protegia durante os verões de monções da Coreia.

No início, a M-51 tinha dragonas e capuz leve e rebatível com botões, o que permitia que um capuz mais pesado fosse usado sobre o outro. Havia também uma tentativa de preservar o jeito da M-48 com o uso de tecidos pesados similares. Mas eles demoravam a secar. Foi criada uma segunda geração da M-51 com materiais mais leves, de secagem mais rápida, com forro de algodão e lã, que dava mais mobilidade sem muita perda de calor. Ela era produzida em verde-oliva, em vez de cáqui, o tom padrão do exército na Segunda Guerra.

Página ao lado: Rock Hudson em *Estação Polar Zebra* (1968), o filme que mais mostrou a parca em todos os tempos, superando o mod *Quadrophenia*, de 1979 (foto na p. 35).

A M-51 é, sem dúvida, a versão definitiva da parca. Apresentada como uma versão mais barata em comparação com sua predecessora, teve a produção apressada para suprir as tropas dos EUA em combate no inverno da Coreia – a especificação do desenho oficial citava "uma parca criada para ser usada sobre outras roupas em temperaturas médias mensais abaixo de dez graus negativos". Infelizmente, problemas no fornecimento de tecido resultaram na entrega da maioria das parcas quando o conflito estava quase acabando. Os casacos a serem enviados para as tropas nas linhas de frente acabavam com os soldados da retaguarda. Isso levou a uma revisão do sistema de vestuário e equipamento do exército. A M-51 era verde-oliva, não cáqui, em parte porque a cúpula acreditava que a enxurrada de excedentes militares nessa cor, usados por trabalhadores depois da Segunda Guerra Mundial, havia desvalorizado a tonalidade.

A M-51 foi produzida nos Estados Unidos por apenas cinco anos e depois na Alemanha ocupada pelos aliados, onde foi fabricada por companhias alemãs por mais três anos. Exceto pelos pedidos de exércitos estrangeiros, em especial do Canadá e do Reino Unido, o modelo ficou adormecido até 1965, quando sua nova evolução, a parca M-1965 ou ECW (Extreme Cold Weather, ou Frio Extremo), foi criada. Sua parte externa era feita de uma mistura de algodão e náilon, tratada para proporcionar aquecimento adicional, e tinha só um capuz removível. Ela permaneceu em serviço até 1987, quando começou a ser extinta.

Mas foi a M-51 que deu à parca seu momento na moda. No Reino Unido no fim da década de 1950 e na de 1960, o movimento mod e excedentes militares baratos da então redundante peça de vestuário se juntaram, e a M-51 foi considerada ideal para proteger um terno elegante da chuva e da poeira em cima de uma lambreta Vespa. De fato, a parca estava tão associada à iconografia mod quanto o meio de transporte preferido do movimento, o que ficou claro em 1973, quando a banda The Who a exibiu na capa de seu álbum conceitual *Quadrophenia* - transformado em filme em 1979, desencadeando uma segunda e mais popular vida na moda para a parca, acrescida de bottons e apliques.

JAQUETA AVIADOR

CASACOS

Ao lado: A jaqueta MA-1 é uma das muitas peças de roupa militar criadas por estilistas anônimos e por especialistas em tecnologia têxtil nos testes dos Laboratórios Natick do Exército dos Estados Unidos em Natick, Massachusetts, e no Laboratório Médico Aeronáutico da Usaf em Dayton, Ohio. Até os anos 1970, quando a globalização abriu o mercado, o Departamento de Defesa dos EUA encomendava esses itens a um pequeno grupo de fabricantes – entre eles, a Superior Togs Corporation, com sede em Nova York, a Rolen Sportswear e a Dobbs Industries – que terceirizavam entre eles para atender os enormes pedidos. Abaixo: Um exemplo da garantia escrita no forro de uma jaqueta aviador; em vários idiomas, ela assegurava recompensa a quem ajudasse um piloto abatido a voltar à base em segurança.

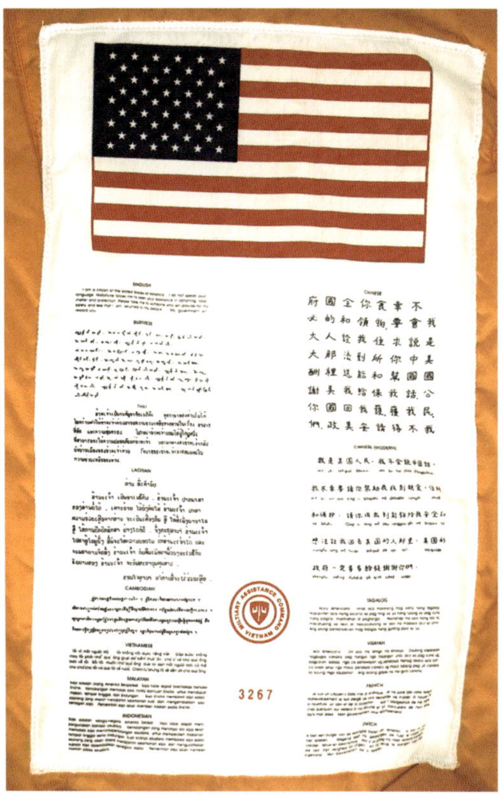

As jaquetas exclusivas para o Exército dos Estados Unidos nos anos seguintes à Segunda Guerra Mundial eram modelos de funcionalidade, e assim, talvez de modo inevitável, encontraram espaço nas atividades civis. Entre elas o destaque é a MA-1, uma jaqueta que, pelo conforto, facilidade de uso e estilo característico, a partir dos anos 1970 passou a ser amada não só por skinheads, mas por profissionais de segurança, inclusive de boates, antes de também assumir o papel de brinde promocional com bordados nas costas para celebrar um evento corporativo ou uma turnê de banda.

Uma jaqueta aviador de náilon, a MA-1, foi lançada para os pilotos da Força Aérea e da Marinha por volta de 1950 como substituta para a B-15. Apresentada no fim dos anos 1940, ela era semelhante à MA-1, exceto pela gola de pelo de carneiro. Cada jaqueta evolui a partir de sua antecessora em resposta às necessidades de militares ou de um novo equipamento: a gola da B-15 interferia nos novos capacetes criados para uso em avião a jato. O náilon leve e à prova de vento da B-15 foi, de maneira semelhante, um desenvolvimento da B-10, uma versão em algodão grosso apresentada em 1943, ela mesma uma substituição para as clássicas jaquetas aviador de couro preferidas pelos pilotos norte-americanos.

Certas características da MA-1 original são visíveis na B-15 que ela substituiu: bolso na manga; presilhas no peito para prender fios de rádio entre a cabine e o capacete; e um clipe no peito para prender a máscara de oxigênio durante o taxiamento. Mas em 1960 a versão B da MA-1 não tinha mais esses elementos – rádio e suprimento de oxigênio haviam sido integrados ao capacete. Outras revisões foram apresentadas em 1963: para tripulantes, o forro verde-sálvia foi substituído por outro em tom de laranja-escuro – conhecido como laranja indiano ou resgate –, e a jaqueta era dupla face. Pilotos abatidos usavam a jaqueta com o lado de cor forte para fora para se tornarem visíveis para equipes de busca e resgate. Essa é a mais icônica das versões da MA-1.

Em seu desenvolvimento, outras jaquetas irmãs feitas para a Força Aérea dos Estados Unidos (e, antes de 1948, sua predecessora, a Força Aérea do Exército dos Estados Unidos) foram muito apreciadas por civis. A L-2B, semelhante à MA-1 em náilon leve de verão, apresentada depois da guerra, foi a primeira jaqueta com forro cor de laranja e, até a metade dos anos 1960, também com dragonas. A jaqueta aviador N-2B, do fim dos anos 1950, era uma versão cor de sálvia da azul-marinho N-2A e efetivamente uma MA-1 para o tempo frio, completa e com capuz forrado de pele.

O rei dos fabricantes de jaquetas de náilon era o empresário do setor de vestuário Samuel Gelber e sua Alpha Industries, que ainda opera graças à previdência de desenvolver um mercado civil – por exemplo, lançando a MA-1 em cores diferentes do padrão verde-sálvia da força aérea ou do verde-oliva do exército. As jaquetas para o mercado civil também são identificadas por três linhas na etiqueta. Isso foi antes de muitas fábricas parceiras da Alpha fecharem pela concorrência internacional e pelo declínio nos contratos com o governo, que tiveram diminuição drástica depois dos tempos mais intensos das guerras da Coreia e do Vietnã. Porém, nessa época, a MA-1 já estava a caminho de se tornar um clássico.

Acima: Jack Lemmon em *Demônio de mulher* (1954). Sua aparência humilde não condiz com o endosso real do início da capa mac: em 1825, o duque de York usou em uma parada uma capa vermelha carmesim forrada de seda azul com tecido Macintosh e começou uma tendência entre os guardas. Em 1843, Macintosh se associou a Thomas Hancock de Manchester, que patenteou um processo de tratamento de borracha que chamou de vulcanização, de Vulcano, deus romano do fogo – cerca de oito semanas antes de o americano Charles Goodyear, dos famosos pneus, solicitar a patente. Goodyear dizia ter descoberto o processo em 1839, mas não convenceu os parceiros comerciais de seu potencial.

CAPA DE CHUVA (MAC)

CASACOS

O fato de o termo genérico para a capa de chuva ser mac - um americanismo espalhado por Hollywood pós-Segunda Guerra Mundial e agora indiscutivelmente suplantado na linguagem geral pelos computadores da Apple - é um atestado da originalidade da ideia perseguida por um certo Charles Macintosh.

Químico nascido em Glasgow em 1766, filho de um fabricante de corante têxtil e homem com interesse pela experimentação, Macintosh herdou o negócio da família com a morte do pai em 1823. Pouco depois ele descobriu que a nafta podia dissolver borracha natural, então um material novo e caro, com uso industrial limitado que incluía tubos para equipamentos médicos. O primeiro tecido impermeável foi criado quando ele percebeu que a solução de borracha podia ser formatada em folhas que podiam ser laminadas no tecido. O tecido inicial não era o ideal. Macintosh primeiro usou lã para criar um material quente e impermeável, mas o casaco resultante era pesado demais para ser vestido, e os óleos naturais na lã degradavam a borracha. Outras combinações tinham a tendência de se tornar quebradiças com o tempo, ou o revestimento de borracha derretia no calor. O primeiro mac realmente bem-sucedido apareceu alguns anos depois.

A importante descoberta aconteceu em 1843, treze anos depois de Macintosh ter se unido a uma empresa de Manchester dirigida por Thomas Hancock, que patenteou um processo de tratamento de borracha que chamou de vulcanização, de Vulcano, deus romano do fogo. Isso criou uma substância mais leve, forte e resistente a substâncias químicas, que podia ser combinada ao tecido para criar uma roupa mais leve, flexível e confortável sem sacrificar as importantes qualidades de impermeabilização. Isso também tornou o material mais fácil de tingir e trabalhar, o que levou aos modelos mais justos e de ombros mais estreitos, como foi usado pela primeira vez, e ao modelo posterior, mais largo e com mangas raglã, pelo qual o mac é mais conhecido. Outro processo - esfregar nas costuras a solução de borracha e vedá-las - impedia que a água penetrasse a camada exterior do casaco. Macs mais antigos tendiam a desenvolver um

This distinctive Coat always shows up well ; it is suitable for every occasion. Made in the popular slip-on, fly-front style, "Breakwater" to shed rain, repel water, hold shape better, and wear longer. Finished with taped seams, lined batiste from edge to edge, across shoulders and chest, giving protection from wind and storm
Stocked in 32, 34, 36, 38, 40 and 42-inch chest measures. Carriage paid
Riley
2 GUINEA VALUE
"BREAKWATER"
STORM COLLAR
RAINCOAT
READY-TO-WEAR FOR 25/-
Page 22

cheiro que, com o tempo, foi mascarado pela adição de perfumes à borracha. A ciência levaria outros 150 anos, mais ou menos, para desenvolver tecidos que resolvessem o último problema do mac: sem ventilação (e mesmo com buracos de respiração estrategicamente colocados), ele era quente demais; alguns médicos falavam em usuários com chagas deixadas pela "doença da borracha".

Mesmo assim, o mac logo se tornou parte do guarda-roupa masculino – embora quase nunca visto na cidade pelos códigos de vestuário da época. Como paletós de tweed, o mac era usado apenas em cenário rural, uma etiqueta de vestuário que refletia o fato de essa peça ser vista como puramente funcional, e não de bom gosto.

Macintosh e Hancock encontraram um mercado pronto entre os trabalhadores mais prósperos. E a utilidade do mac foi logo reconhecida por aqueles que viajavam a cavalo, fossem cocheiros ou cavaleiros mais abastados. A Charles Macintosh India Rubber Company, como se tornou conhecida, sofreu seu primeiro e único grande contratempo nos negócios com o advento das ferrovias e sistemas de transporte público acessíveis a todos.

Talvez isso tenha tornado o mac um item romântico e prático – um totem do clima britânico e da luta da alfaiataria para torná-lo elegante. "Há uma peça selvagem que ainda carrega de maneira nobre o nome de um clã selvagem das Highlands", escreveu G. K. Chesterton, criador da série de detetives *Father Brown*. "Gosto de pensar em todos os Macintoshes, em seus macintoshes, atacando algum condenado vilarejo das Lowland, seus impermeáveis molhados brilhando sob o sol ou a lua..."

Os primeiros macs tinham um cheiro característico e desagradável. O resultado foi que uma empresa de Manchester, a Mandelburg's, ofereceu o que chamava de seu Mac FFO (Free From Odor [Sem Cheiro]). O odor não impediu que o modelo se tornasse básico no vestuário formal: "And the banker never wears a mac / In the pouring rain / Very strange", como diz a canção dos Beatles "Penny Lane" (1967).

UP

JAQUETA BIKER

CASACOS

Poucos personagens de filmes criaram com seu figurino um ícone com o impacto duradouro de Johnny em *O selvagem* (1953). Representado por Marlon Brando, ele é o jovem descontente que, interrogado sobre contra o que se revoltava, responde sem rodeios: "Contra o que você quer?". Ele também é o líder de uma gangue de motociclistas, em um tempo em que essas gangues representavam uma ameaça a ponto de muitos colégios proibirem o modelo de jaqueta que usavam. Essa é a piada em *De volta para o futuro II* (1989), quando Marty viaja no tempo para 1955 e, orientado a se vestir de forma a chamar menos atenção, compra uma jaqueta Perfecto.

A Perfecto, mais que qualquer outra roupa, sugeria um tipo de anarquia, uma reputação que astros do rock têm ampliado desde então. Johnny Ramone, líder dos Ramones, passou a usar uma como parte da imagem da banda nova-iorquina. James Dean, o modelo arquetípico do viver intensamente e morrer jovem, quase nunca era visto sem a dele. O fabricante, Schott, jamais perdia uma chance. Quando o machismo sugerido pela jaqueta biker deu lugar à contracultura hippie na década de 1960, a companhia criou um colete e uma jaqueta de couro com franjas. Mas antes, e desde então, a imagem do *bad boy* tem sido dominante.

Irving Schott, filho de imigrantes russos, fundou a Schott Bros em 1913 para produzir casacos e foi um pioneiro - ele acreditava ser o primeiro a colocar um zíper (produzido pela Talon) em uma jaqueta casual. Mas sua maior contribuição para o vestuário masculino aconteceria em 1928, quando um distribuidor da Harley-Davidson em Long Island, Beck Industries, lhe encomendou a criação de uma jaqueta de couro resistente com fecho de zíper para proteger motociclistas contra o clima e tombos. Beck conseguiu o que queria. Ele vendia a peça no varejo por US$ 5,50 e a chamou de Perfecto, nome da marca de charutos preferida de Irving.

O modelo original era característico. Feita com couro de cavalo, a jaqueta tinha frente marcada com cinto, punhos fechados com zíper, botões de pressão ocultos na gola, vários bolsos (um bolso D com abertura vertical, em vez de

Página ao lado: Andy Warhol usa a jaqueta biker com um estilo peculiar - sobre um paletó de abotoamento duplo. Abaixo: A versão 613 ou One Star [Uma Estrela], da Perfecto, abandonada em 1963, quando os varejistas reclamaram que as estrelas eram roubadas.

horizontal, um bolso para moedas e um lateral, estratégico para o acesso durante a viagem) e dragonas com tachas. Duas versões depois, a de 1940 e a de 1950 - mais enxutas, com dois bolsos laterais, sem bolso D, um bolso inclinado no peito e uma presilha para fixar a gola de pele -, cativaram a imaginação do público. E o assustou um pouco.

Elas eram a 618 e, a usada pelo Johnny de Brando, a 613 ou One Star, cujo nome derivou do emblema de estrela nas dragonas que a distinguia de outras jaquetas de motociclistas, inclusive a Trojan e a Buco, e, a essa altura, da própria Harley-Davidson. As estrelas foram abandonadas no fim dos anos 1960, quando os varejistas reclamaram que os clientes sempre as roubavam. Houve mais algumas mudanças. O cinto mitra (assim chamado por causa dos cantos mitrados) desapareceu, o cós na parte inferior das costas mudou de forma, os zíperes corriam nos dois sentidos, e as jaquetas são poucas vezes feitas com couro de cavalo. No mais, a Perfecto é a mesma de antes. E igualmente durona.

Abaixo: Douglas Colvin, vulgo Dee Dee Ramone, baixista e principal compositor da banda americana Ramones. Suas jaquetas (foi decisão de Johnny Ramone que todos os integrantes usassem uma), o corte de cabelo em forma de cuia e os jeans rasgados simbolizavam o visual da cena punk nova-iorquina dos anos 1970. Mais tarde, Dee Dee Ramone rejeitaria o estilo: "Eu me sentia uma farsa ali, de jaqueta de couro e jeans rasgado. Quatro homens de meia-idade tentando ser delinquentes juvenis".

Acima: O delinquente juvenil original – Johnny Strabler, interpretado por Marlon Brando em *O selvagem* (1953), primeiro filme sobre a violência de motociclistas fora da lei nos EUA.

CASACO DE MARINHEIRO

CASACOS

Com lã Kersey grossa de 900 gramas, de abotoamento duplo, gola extra-alta com lingueta no pescoço, lapelas largas e bolsos forrados de veludo caramelo, poucos casacos são tão quentes quanto o marinheiro. Por mais elegante que seja, também é ideal para proteger contra o frio no mar – razão pela qual tem sido parte do uniforme da Marinha dos Estados Unidos desde 1881, mais ou menos.

O casaco de marinheiro definitivo da Naval Clothing Factory só foi apresentado no fim dos anos 1940, quando perdeu a linha mais longa e os bolsos com abas dos modelos anteriores à Primeira Guerra Mundial, ganhou lapelas mais largas e chatas, além de uma de suas características mais marcantes hoje: seis botões de baquelita, grandes, pretos e brilhantes, estampados com um desenho de âncora envolta em corda, em vez do brasão de treze estrelas das versões anteriores. Embora as estrelas representassem os treze estados norte-americanos que assinaram a Declaração de Independência em 1776, o casaco de marinheiro é original da Marinha Real Britânica. Ele é derivado da jaqueta de abotoamento duplo de lã pesada usada por aspirantes (também conhecidos como guardas-marinha), cujos deveres incluíam subir nos aprestos e desenrolar as velas.

O estilo essencial da jaqueta de aspirante pode ter passado a ser visto como tipicamente naval, mas ela foi uma das primeiras peças padronizadas destinadas a todos os serviços. Foi apresentada como parte da vistoria de 1857 das regulamentações de vestuário da Marinha Real para todos os tripulantes; até então eles providenciavam suas roupas e não havia uniformidade. A classe dos oficiais devia seguir as normas criadas um século antes. (Nos anos 1940, o casaco de marinheiro deixou de ser distribuído para os oficiais da Marinha dos Estados Unidos – que adotaram uma versão mais formal, com dragonas e botões de metal, ou um cabã, mais longo – e passou a ser fornecido apenas aos subordinados.)

Como o casaco de marinheiro que evoluiu dela, a jaqueta de aspirante era funcional: tinha abotoamento duplo para proporcionar mais aquecimento contra o frio e o vento e para proteger o corpo do atrito com as cordas de aparelhamento.

Página ao lado: Um casaco de marinheiro clássico da Alpha Industries, fabricantes de muitas roupas militares, inclusive a MA-1. Abaixo: Steve McQueen e Richard Attenborough em *O canhoneiro do Yang-Tsé* (1966).

ALPHA INDUSTRIES INC.
EST. OCTOBER 1959

Os botões eram pregados de um lado só (a outra fileira era decorativa), o que diminuía a probabilidade de os botões ficarem presos nas cordas. A jaqueta era curta, para facilitar os movimentos. A cor era azul-marinho, escolhida para esconder a sujeira e também porque, na época, como os corantes desbotavam, essa era a cor mais resistente à ação do sol e aos repetidos encharcamentos por água da chuva e do mar.

Os casacos de marinheiro eram fabricados no que hoje se chama azul-marinho escuro ou meia-noite - quase preto. A partir de 1980, passou a ser usada a lã Melton preta, que baixou a qualidade dos casacos de marinheiro nas décadas pós-guerra devido ao crescimento da pressão sobre o orçamento militar. Outras mudanças foram a eliminação do bolso com forro de veludo e do detalhe da costura nos punhos em 1967, e a substituição dos botões de baquelita por outros de metal nos anos 1970.

Algumas pessoas acreditam que o tecido usado nos casacos de marinheiro, com suas variações se tornando padronizadas pelas marinhas da Europa, deu ao modelo seu nome: *pea coat* - *pea* pode ser modificação de *pij*, um tecido áspero de lã produzido nos Países Baixos no século XVIII e usado para fazer uma típica jaqueta de trabalhador chamada *pijjakker*. Ou, ainda, o nome é devido a um erro de grafia para *P-jacket*, de jaqueta de piloto, numa referência ao marinheiro que conduz o navio por águas congestionadas ou perigosas.

Página ao lado: James Cagney usa um dos primeiros casacos de marinheiro, mais curto, em *Cidade sinistra* (1935).

JAQUETA BOMBER

CASACOS

Quando Frank Sinatra tentou dar a seu personagem uma imagem de durão em *O expresso de Von Ryan* (1965), e Bob Crane pediu uma peça típica do uniforme militar para seu papel de coronel Hogan na série de televisão norte-americana *Guerra, sombra e água fresca* (1965-71), os departamentos de figurino sugeriram a jaqueta de piloto A2 e provocaram com isso uma apreciação renovada da peça. Isso também aconteceria depois do lançamento do filme *Pearl Harbor* (2001).

Tal é o apelo desse modelo de couro com zíper (conhecido como jaqueta bomber, embora seu uso não seja restrito aos tripulantes de bombardeiros) que seu padrão, ou variações sutis dele, passou a representar a jaqueta aviador arquetípica. Essa é uma importante realização para uma peça desenhada em 1930 e introduzida no ano seguinte no Corpo Aéreo do Exército dos Estados Unidos como substituta para o modelo A1 abotoado, de gola de malha, então em serviço havia apenas quatro anos. O modelo A2 foi adotado como padrão até 1943, depois foi aos poucos substituído por jaquetas de tecido.

Como acontecia com muitos contratos de fornecimento de uniforme militar, a diversidade de fabricantes, civis e especializados, que produziam a A2 - entre eles Cooper Sportswear, Poughkeepsie Leather Coat Co., Aero Leather, Spiewak & Sons e Cable Raincoat Co. - causou variações sutis no desenho. Elas eram do tipo que hoje entusiasma ávidos colecionadores, não só pelas próprias jaquetas, mas também pela tela que as costas representavam para jovens artistas aviadores. Se a frente de uma jaqueta bomber era o lugar para a arte do nariz das aeronaves - ilustrações que misturavam sexo e morte, os bem-sucedidos ataques da tripulação contados ao lado de imagens em estilo Alberto Vargas de uma *pin-up* de pernas longas de quem a aeronave podia adotar o nome -, as costas da jaqueta de um aviador eram o lugar ideal para registrar suas missões.

Três esquadrões - os chamados Flying Tigers [Tigres Voadores] do 1º Grupo Americano de Voluntários, pilotos americanos que lutaram com a força aérea chinesa contra os japoneses de 1941 a 1942 - pintaram uma mensagem ou bandeira de fuga. Nelas havia instruções em chinês para que qualquer aviador

Página ao lado: Frank Sinatra veste uma jaqueta A2 no papel de coronel Joseph Ryan, em *O expresso de Von Ryan* (1965). Não era uma original, mas confeccionada para ele pelo departamento de figurino da produtora do filme.
À direita: A jaqueta A2 era tão popular entre os pilotos que, quando saiu de linha, em 1943, pequenos fabricantes passaram a atender os militares que não conseguiam mais o modelo. As jaquetas eram tão valorizadas que, enquanto estavam disponíveis só para os aviadores, os generais Patton e MacArthur também as usavam. Fotos publicitárias dos tempos de guerra mostram James Stewart e Glenn Miller vestidos com o modelo A2. Pilotos na Guerra da Coreia (1950-53) continuaram usando um modelo de jaqueta que não era mais peça oficial quase uma década antes.

abatido recebesse ajuda e proteção. Essa se tornou uma característica distintiva dos figurinos usados por John Wayne e outros atores em *Tigres voadores* (1942), livremente baseado nas aventuras dos esquadrões.

A manga esquerda de uma A2 tinha, em geral, o emblema da Força Aérea do Exército Americano. A direita era onde o esquadrão exibia insígnias, colocadas e removidas quando o piloto mudava de base (ou eram acrescentadas uma ao lado da outra - uma peculiaridade dos pilotos da marinha).

Os materiais variavam a cada edição. Couro de cavalo era a norma, mas peles de cabra e novilho também eram usadas, em tonalidades variando entre o marrom-escuro e o ferrugem ou marrom-médio. Mas o design essencial criou uma jaqueta de couro que era durável e prática - usada justa como era, agasalhava as tripulações aéreas durante as operações que não fossem as de inverno -, além de elegante. A gola era presa ao corpo da jaqueta por botões de pressão; diferente da A1, a A2 tinha dragonas; e, atrás dos bolsos frontais com abas, bolsos para aquecer as mãos eram criações populares para o mercado civil, mas consideradas não militares, já que os usuários podiam andar com as mãos dentro deles. Até 1939, quando o custo aumentou, a jaqueta vinha com forro de seda. Ele foi substituído por forro de algodão - para todos os aviadores, exceto os pilotos de combate dos 56º e 479º Grupos de Combate, que, quando tinham confirmada a sua autoria da quinta morte, adquiriam o direito de usar forro de cetim vermelho.

Em 1988, a Força Aérea americana relançou uma versão de pele de cabra da A2 (com bolsos para aquecer as mãos). Diferente da A2 original, não estava disponível para todos os aviadores que haviam passado pelo treinamento básico, só para os que tinham qualificações de missão completas. Por isso, era ainda mais valorizada. As normas não permitiam que os usuários pintassem as costas das jaquetas.

À esquerda: Regis Toomey, em uma jaqueta de botões estilo A1, com Anita Page em *Soldados das nuvens* (1933).

Acima: Gregory Peck em *Almas em chamas* (1949), filme do início do período posterior à Segunda Guerra sobre a Força Aérea do 8º Exército Americano e seus ataques diurnos contra a Alemanha nazista. Na vida real, quando o avião do 351º Grupo de Bombas foi abatido sobre Eggese, em 1943, os nazistas usaram jaquetas de aviador A2 – estampadas com a inscrição Murder Incorporated – para "provar" que os aliados bombardeavam civis. Por isso, inscrições ou emblemas controvertidos nas jaquetas dos aviadores da Força Aérea do Exército Americano foram proibidos.

JAQUETA MILITAR

CASACOS

Abaixo: Jaquetas militares eram usadas não só por veteranos depois da Guerra do Vietnã – porta de entrada do modelo para o mundo das roupas comuns –, mas também pelos que eram contra o conflito. Rabiscadas com pichações, elas se tornaram painel de expressão pessoal. Mas o design quase nunca foi além da prancheta: alguns grupos do Departamento de Defesa preferiam uma jaqueta curta de tecido de lã como a Ike, ou a túnica de batalha do Exército Britânico em que foi baseada. Página ao lado: Robert De Niro como Travis Bickle em *Taxi driver* (1976). A jaqueta militar também apareceu com Al Pacino em *Serpico* (1973) e com Sylvester Stallone como John Rambo em *Rambo: programado para matar* (1982).

É difícil saber se os que protestavam contra a Guerra do Vietnã vestiam a jaqueta militar M-1965 (M-65) por ironia, porque assim se apropriariam de um símbolo do militarismo e o transformariam em um símbolo de paz, ou porque as lojas que vendiam excedentes do exército tornavam a jaqueta acessível, ou, de fato, porque muitos dos que protestavam eram ex-militares.

O que uniu, talvez, todos os que usavam a M-65, tanto no exército quanto fora dele, foi seu modelo prático, o que a tornou indiscutivelmente o traje militar mais copiado e, com certeza, o mais usado na vida civil/comercial. Como a jaqueta biker, a M-65 dá certo status de desajustado. Não é surpresa que ela tenha sido escolhida repetidamente por figurinistas – a mais famosa foi usada por Robert De Niro em *Taxi driver* (1976) – ou, ainda, por Osama bin Laden.

A M-65 foi uma jaqueta reduzida a seus elementos mais funcionais: longa o bastante para proteger, curta o bastante para permitir movimento; tecido de algodão/náilon acetinado resistente ao vento e quase indestrutível; quatro bolsos grandes com abas; um capuz embutido na gola; um forro de náilon matelassado; ajustadores na cintura e nos punhos para preservar o calor corporal; e um suporte triangular dentro de cada punho em que podiam ser presas luvas criadas para proteger ainda mais o usuário em um campo de batalha nuclear.

Levou mais de vinte anos para atingir seu ápice de design – cujas variações sutis são usadas por muitas forças armadas hoje em dia. Sua primeira versão surgiu em 1943, quando a jaqueta militar M-1943 (M-43) foi apresentada para substituir a 1941, primeiro modelo padrão, então chamada não de M-1941, mas de Jaqueta de Parson, homenagem ao seu criador, major-general J. K. Parsons. Essa era uma jaqueta simples de algodão, com comprimento na linha da cintura, quase esportiva, com zíper coberto por aba abotoada, forro de flanela e dois bolsos faca (mais tarde abotoados). Baseada em uma jaqueta civil, ela tinha estilo, mas não os benefícios da M-43: era muito quente ou muito leve, dependendo das condições, tinha pouco espaço no bolso e a cor clara e amarelada chamava atenção, em vez de ajudar quem a usava a passar despercebido.

Em 1942, o Gabinete do General Intendente – o departamento do Exército dos Estados Unidos que se encarregava da criação e do suprimento de equipamento – começou a cuidar dessa questão desenvolvendo seus primeiros produtos de acordo com o princípio de camadas no conjunto do uniforme (que foi aplicado com muito sucesso na parca): várias peças podiam ser combinadas para compor um conjunto adequado a diferentes condições de combate.

O desenho final da M-1943 deu à jaqueta uma camada externa de algodão acetinado cáqui, forrada com algodão e com quatro bolsos característicos, frente e capuz abotoados, usada com um forro de pele falsa felpuda no inverno ou sobre uma jaqueta Ike M-1944 em áreas mais temperadas. A M-43 foi testada em condições severas: foi usada em janeiro de 1944 pela 3ª Divisão do Exército dos Estados Unidos em ação em Anzio, Itália, onde acontecia uma das mais sangrentas batalhas da guerra. Ela passou nos testes, embora atrasos e a prioridade de fabricação de outras peças tenham impedido sua ampla distribuição até o fim do ano. Em 1948, quando foi estabelecida a Força Aérea dos Estados Unidos, ela criou sua própria versão da M-43, sem dragonas e com uma gola larga em forma de crescente.

Outras alterações no desenho depois da guerra a aproximaram da M-65: a M-1950 ganhou um forro abotoado; a M-1951, que só entrou em serviço no fim de 1953, introduziu botões de pressão para os bolsos e um zíper para substituir o fechamento por botões, de forma que o usuário pudesse rastejar sobre o peito sem enroscar a jaqueta em obstáculos. Depois de mais de dez anos, a jaqueta militar foi atualizada como a M-65. O principal progresso foi o uso de um tecido misto mais resistente e, para algumas unidades, estampa de camuflagem. Isso pode ter dado à peça um ar mais militar; sem essas alterações, ela permaneceria como um exemplo clássico de funcionalidade sem adornos.

TAXI

TRENCH COAT

CASACOS

Quando o trench coat [casaco de trincheira] se tornou uma peça de roupa opcional no Exército Britânico na Primeira Guerra Mundial, só os oficiais podiam usá-lo. Essas associações de classe se perderam, e o casaco é uma alternativa do homem comum para o clássico Macintosh, mesmo que detalhes de sua herança militar permaneçam: as dragonas que prendiam a insígnia de patente ou qualquer coisa que tivesse alça; o anel D na frente e nas costas, para pendurar bolsas de munição e suprimentos; a aba de tempestade no ombro, agora um meio extra de canalizar a chuva para longe do corpo, mas criada para proteger contra o coice de um cabo de espingarda. Outros detalhes fizeram do trench um dos casacos mais impermeáveis já criados: a lingueta no pescoço, as tiras nos punhos e o escudo de chuva, que funciona como aba de tempestade, mas nas costas.

O trench coat pode ter se tornado o uniforme dos detetives particulares, como os de Chandler - pense em Robert Mitchum em *Fuga do passado* (1947) ou *Tramas de traição* (1956) -, e ser associado a Humphrey Bogart no papel de Rick Blaine em *Casablanca* (1942). Mas sua história começa na Inglaterra do século XIX, com John Emery e Thomas Burberry. O primeiro era dono de uma loja de roupas masculinas na Regent Street, em Londres, e em 1853 desenvolveu a primeira lã à prova d'água, que ele patenteou e lançou com a marca Aquascutum ("escudo de água", em latim). Ele fornecia capas, casacos militares e um antecessor do trench coat para tropas durante a Guerra da Crimeia (1853-56). Mais tarde, sua empresa dominou o mercado como fornecedora da indústria cinematográfica: estrelas usavam o trench coat Aquascutum Kingsway na tela e fora dela.

Thomas Burberry era dono de uma loja de equipamentos em Basingstoke, sul da Inglaterra. Ele criou a gabardine, feita de fios de algodão de fibra longa tecidos muito apertados em uma trama diagonal característica que, apesar de permitir a ventilação, resultava em um tecido muito resistente e que não deixava passar a chuva. Por causa disso, tornou-se coloquialmente conhecido como *duck* [pato]. No início não era usado para confecção de roupas. O primeiro teste aconteceu

Página ao lado: Michael Caine como Jack Carter em *Carter - o vingador* (1971). Abaixo: Um dos primeiros anúncios do trench coat Burberry. Abaixo, à direita: Robert Mitchum, cujos papéis em *Fuga do passado* (1947) e *Tramas de traição* (1956) ajudaram a popularizar o casaco.

quando o explorador Roald Amundsen comprou barracas feitas de gabardine para sua expedição ao Polo Sul em 1911. Ele deu ao tecido o que equivalia ao endosso de um herói: "A gabardine Burberry é extraordinariamente leve e forte, e bloqueia o vento todo". Ernest Shackleton se equipou por completo de gabardine para a expedição ao Atlântico em 1914-16. A primeira capa de chuva da companhia - antes do trench - tornou-se padrão e foi chamada de Burberry quando não foi possível registrar como marca seu nome inicial, Slip-On.

O movimento mais claro em direção ao modelo definitivo do trench coat aconteceu em 1899 com a Guerra dos Bôeres, na África do Sul, quando muitos oficiais britânicos adotaram extraoficialmente impermeáveis Burberry; a empresa tornou-se uma das fornecedoras oficiais do Exército Britânico em 1901. Seu primeiro casaco militar foi o Tielocken, assim chamado por ser amarrado na frente com tanta firmeza por um cinto que o usuário ficava trancado dentro dele; esse cinto tornou-se uma característica do trench coat. Foram fornecidos cerca de meio milhão de Tielockens na Primeira Guerra Mundial. A versão de Aquascutum atingiu ainda mais oficiais com seu Aquascutum Service Kit - uma caixa que continha tudo que o homem bem-vestido precisava na guerra, menos as armas.

No início anônimo, o casaco Burberry modelo trench foi apelidado de "calor da trincheira" pelos oficiais que valorizavam suas qualidades aconchegantes, como o forro removível de pele de carneiro. O sucesso foi tão grande que o jornal *The New York Times* de 29 de agosto de 1917 noticiou "Trench coats em demanda..." e acrescentou: "espera-se que um casaco muito parecido com este, senão este mesmo, seja incluído no equipamento regular quando as forças americanas chegarem ao front". Não só no equipamento dos oficiais é possível encontrá-lo. Este foi só um passo para ele ser chamado de trench coat, ou casaco de trincheira. Poucos oficiais se dispunham a entregar seus casacos depois da guerra - e o modelo entrou na vida civil e na história da alfaiataria.

À esquerda: Detalhes do Burberry e outros trench coats de gabardine. Versões da época da Primeira Guerra tinham forros removíveis de pele de carneiro, que os oficiais atrás da linha de frente quase sempre usavam como roupão. A gabardine inspirou-se nas roupas tradicionais dos pastores ingleses e recebeu o nome do traje usado por Caliban em *A tempestade*, de Shakespeare.

Acima: Humphrey Bogart ajudou a fazer do trench coat um astro do cinema com os detetives Sam Spade e Philip Marlowe e, de maneira mais famosa, em *Casablanca* (1942).

2.
CALÇAS

CÁQUI / JEANS / CARGO / BERMUDA

CÁQUI

CALÇAS

Tradicionalmente, a calça cáqui de frente lisa, ou apenas cáqui, é um padrão casual alternativo ao jeans, e suas associações mais fortes são com o Exército dos Estados Unidos durante a Segunda Guerra Mundial e o estilo *preppy* da década de 1950. Suas raízes, porém, podem ser traçadas até um século antes.

A história começa em 1845, na Índia. Em uma versão, numa tentativa inicial de camuflagem, soldados britânicos tingiram deliberadamente seus uniformes brancos, que faziam deles alvos visíveis, com barro, café e até curry; cáqui significa "cor de poeira" em urdu. Em outra, sir Harry Lumsden, comandante das forças no Punjab, substituiu a calça do uniforme por outra de pijama, mais leve e larga, para enfrentar o calor. Ele então tingiu essa calça com folhas de chá e percebeu que ela também era útil como camuflagem.

Em 1848, o Exército Britânico reconheceu as vantagens militares de uma cor que se misturasse ao ambiente e adotou oficialmente o cáqui para uniformes de clima quente, usados por suas tropas na Índia e nas campanhas do fim do século XIX na África do Sul, no Sudão e no Afeganistão. No início, elas eram feitas na China, para economizar nos custos de transporte, mas a demanda era tão grande que, por volta de 1850, o tecido cáqui era fabricado dentro do Império Britânico. John Haller, um tecelão da Europa, introduziu os primeiros teares manuais na região indiana de Mangalore, e a invenção do pigmento cáqui é em geral atribuída a ele. Como consequência, o cáqui tornou-se uma cor padrão para o uniforme das forças armadas de muitos países.

Só em 1898, durante a Guerra Hispano-Americana, as tropas americanas adotaram uniformes de corte e cor similares. Chino, palavra que passou a descrever uma calça de algodão casual mais genérica (cáquis, por definição, são chinos em uma cor castanha específica), é uma modificação da palavra espanhola para "chinês". O uso utilitário do modelo logo foi adotado comercialmente: a Levi's, por exemplo, lançou sua primeira cáqui em 1906 sob o selo Sunset.

Página ao lado: Phil Silvers como o primeiro-sargento Ernest G. Bilko, com seus homens de confiança, os cabos Rocco Barbella e Steve Henshaw. A cada semana em *The Phil Silvers Show*, exibido de 1955 a 1959, o trio vestido de cáqui tentava sem sucesso enganar seus superiores.

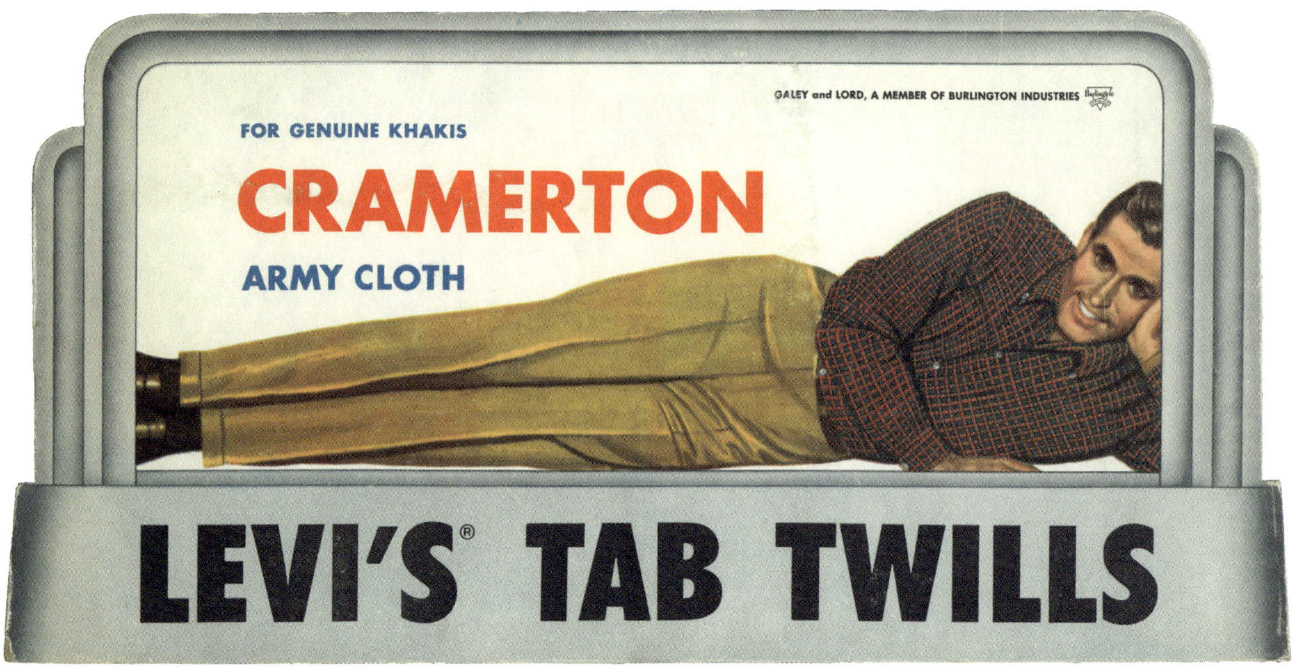

Acima: Cáquis eram uma peça do uniforme militar que os veteranos americanos da Segunda Guerra Mundial queriam usar na vida civil e logo se tornaram um clássico do guarda-roupa *preppy* de qualquer homem jovem. À direita: Sunset foi uma das primeiras submarcas da Levi Strauss & Co. para produzir roupas que não fossem jeans.

A calça cáqui foi oficialmente adotada pela Marinha dos Estados Unidos em 1912 como parte do uniforme dos aviadores navais. Ela passou a ser usada por tripulações de submarinos a partir de 1931. Em 1941, durante a Segunda Guerra Mundial, as calças cáqui feitas de um tecido resistente chamado Cramerton, criado pelos tecelões Galey & Lord, foram aprovadas como parte dos uniformes dos oficiais sêniores durante o trabalho na base; no fim do mesmo ano foi permitido usá-la em períodos de licença. Mais dois modelos oficiais foram lançados em 1942 e 1945. As calças cáqui dos militares britânicos eram de um tom mais escuro (conhecido como cáqui britânico) do que o das versões americanas.

Depois da guerra, ajudadas pela enorme quantidade de roupa militar excedente e barata, as calças cáqui encontraram um papel na vida civil. Envelheciam bem, eram funcionais, confortáveis e resistentes, e o estilo e a cor neutros permitiam muitas combinações. Elas simbolizaram aventura - o aviador pioneiro Charles Lindbergh e o romancista e homem de ação Ernest Hemingway adotaram o modelo -, mas foi a aceitação por Hollywood que garantiu que a calça se tornasse um clássico do vestuário masculino. Os modelos de elegância e masculinidade James Stewart, Humphrey Bogart, Gary Cooper, Clark Gable e James Cagney, e mais tarde John F. Kennedy, Steve McQueen e tipos literários boêmios como Gore Vidal também usavam a calça cáqui.

SAN FRANCISCO, CAL. 1

PANTS

MADE IN OUR OWN FACTORY UNDER OUR PERSONAL SUPERVISION.

Peg-top Pants. Plain Bottom Pants.

KHAKI PANTS.

Price per dozen.

17 $12.00..Tan khaki cloth, youth's; made same as 6077; men's; sizes 26 to 30 waist.
77 12.50..Tan khaki cloth Pants, peg top and cuff bottom, belt straps, two hip an two side pockets, watch pocket, welt seams. Extra sizes, $14.00.
07 12.00..Bronze khaki cloth, plain bottom, peg top, belt straps, two hip and tw side pockets, watch pocket, welt seam, brass buttons.

Regular sizes in Pants 30 to 40 waist. Extra sizes in Pants 42 to 46 waist.

KHAKI COATS.

Price Per dozen.

78 $12.50..Tan khaki cloth Coats, to match 6077 pants, four patch pockets, flaps o pockets, buttoned, four-button front, face cuff and buttoned, roll colla Extra sizes, $14.00.
15 15.00..Coat, Norfolk, tan khaki cloth, to match 6077 pants. Extra sizes, $16.5 a dozen.

Regular sizes in Coats 36 to 42. Extra sizes in Coats 44 to 46.

Prices Subject to Change Without Notice.

JEANS

CALÇAS

Nem mesmo a Levi's sabe ao certo por que seu jeans 501 é chamado assim. Até por volta de 1890 a versão original, com um cinto na parte de trás e botões para suspensórios, tinha um xx desenhado no passante de couro, o que significava que a calça era feita de jeans da mais alta qualidade. A partir de 1886, o jeans passou a ter o famoso logotipo dos dois cavalos, que tentavam, sem sucesso, rasgar um jeans Levi's – uma representação sagaz da durabilidade do produto. Mas, embora a nova descrição do produto – "patente lote 501 *waist overalls* rebitado" – tenha aparecido em torno de 1890, a explicação para isso desapareceu em 18 de abril de 1906, quando a sede da Levi Strauss & Co. e seus arquivos foram destruídos no terremoto que devastou boa parte de São Francisco. Com certeza, o 5 havia sido designado para qualquer peça de qualidade superior.

O jeans, talvez a roupa mais icônica do século xx, foi invenção de Jacob Davis, um alfaiate imigrante da Letônia que atendia trabalhadores da ferrovia americana. Ele foi procurado para fazer calças de trabalho resistentes e teve a ideia de rebitar os pontos mais castigados no que era então uma peça em modelo jeans feita de gabardine branca. Mas Davis precisava de um parceiro. Em 1873, ele e Levi Strauss, um imigrante da Bavária e bem-sucedido atacadista de tecidos e roupas, patentearam o rebite usando dinheiro de Strauss. O resultado foi a primeira calça jeans – então mais conhecida como *waist overalls* [jardineira de cintura] – feita de brim 9 onças (255 gramas) da Amoskeag Mill em Manchester, New Hampshire, e costurada em São Francisco.

O jeans mostrou ser a roupa ideal e super-resistente para mineiros, caubóis, ferroviários e lenhadores. Cerca de setenta anos mais tarde o jeans 501 simbolizava, ao mesmo tempo, a unidade geracional e a rebeldia individual. Jeans era roupa não só de trabalhadores, mas também de motociclistas, roqueiros e pacifistas e, por fim, de homens e mulheres comuns.

Chegar a esse estágio foi um processo evolutivo. O jeans 501 original tinha só um bolso traseiro, o direito, com o arqueado – uma costura em arco (à máquina e sem gabarito até 1947). No início, era usada, talvez, para fixar o forro

Página ao lado: Paul Newman, cujos vários faroestes incluem *Um de nós morrerá* (1958), *O indomado* (1962), *Hombre* (1966) e *Butch Cassidy* (1969). Abaixo: No início, os jeans Levi's foram usados não por caubóis, mas por mineiros: uma das calças mais velhas no arquivo da companhia foi encontrada em uma mina. Em 1920, a Levi's recebeu uma carta de reclamação do mineiro Homer Campbell, que dizia que o jeans que ele havia usado seis dias por semana durante três anos não havia resistido como o anterior, que ele usara por trinta anos. O exame revelou que o jeans estava bom, só os remendos acrescentados haviam rasgado.

Lee
OVERALLS

do bolso, mas funcionou como uma forma inicial de marca, tão bem-sucedida que acabou copiada pela concorrência da Levi's. Em 1901, um segundo bolso traseiro – chamado de quinto bolso (um pequeno para relógios estava entre os outros quatro) – foi acrescentado. Passantes de cinto foram adicionados em 1922, talvez porque os suspensórios caíam de moda. Nos anos 1920, o jeans era fornecido por Cone Mills em Greensboro, Carolina do Norte, que, no fim da década, havia desenvolvido um jeans de 10 onças (280 gramas), marrom-avermelhado, chamado de o1, exclusivo para o 501.

Em 1936, uma etiqueta vermelha usada para distinguir o modelo de suas cópias foi costurada na beirada do bolso traseiro; as letras maiúsculas ficaram minúsculas em 1971. E, em 1937, depois de os caubóis reclamarem que os rebites no bolso traseiro arranhavam as selas e donas de casa afirmarem que eles arruinavam os móveis, os bolsos foram costurados sobre os rebites. Também em 1937 os botões para suspensórios desapareceram (embora Levi Strauss fornecesse botões "de pressão" para quem quisesse evitar os ultramodernos cintos).

A Segunda Guerra Mundial trouxe as últimas mudanças, e desde então o modelo permanece igual, em grande parte. Por falta de matérias-primas, o arqueado foi temporariamente substituído por uma versão pintada, e o rebite do cavalo, removido. (Os rebites do bolso traseiro caíram em desuso em 1966, quando a tecnologia permitiu costuras igualmente fortes.) Em 1947, surgiu o 501 linha seca e silhueta enxuta, reconhecível ainda hoje. E por fim estava pronto para se tornar nacional – até então o jeans só era vendido nos varejistas dos estados do oeste dos Estados Unidos. Logo ele se tornaria global.

Página ao lado: A Lee é a principal concorrente da Levi's. Ela se especializou em jeans para trabalhadores urbanos e da indústria, em vez de peões de rancho, mas seu modelo famoso é o 101 Cowboy. As presilhas na parte de trás da 131 também são características da contribuição da Lee à vida de quem trabalha duro: o aplique de couro sem inscrição no bolso traseiro para ser marcado com o nome do dono da calça.

CARGO

CALÇAS

No período medieval, as pessoas levavam bolsinhas presas à cintura. Já no fim do século XVIII foram introduzidos bolsos internos nas roupas. Outros dois séculos passaram, com a última metade desse período testemunhando a formação regular de exércitos profissionais, antes que fosse reconhecida a utilidade de bolsos extras nas calças do pessoal de serviço na ativa. Antes calça de combate ou utilitária, hoje um padrão tanto na moda quanto na luta, a imagem era mais importante que a utilidade - o excesso de um *éthos* que deu à vestimenta militar uma mistura de cores ousadas e botões de metal: pompa e ostentação em vez de praticidade.

Na década de 1930, os programas europeus de rearmamento incluíam a crescente mecanização de exércitos, notadamente com metralhadoras e rifles antitanques. Logo ficou claro para o Gabinete de Guerra Britânico que era necessário distinguir entre o vestuário de guerra usado em ação e o uniforme de serviço, para fora do campo de batalha e menos específico em seus requisitos, exceto pela necessidade de uma apresentação elegante.

Testes para um novo traje de batalha - conhecido inicialmente como Field Service Dress (FSD) [Vestuário de Serviço de Campo] - ocorreram no começo da década. Foram consideradas jaquetas em estilo safári, mas o comprimento prejudicava os movimentos. O desenho final, de 1937, foi testado só em pequena escala ao longo do ano. Era pouco diferente do vestuário de serviço de 1902, exceto por ter botões escuros que não exigiam polimento e bolsos tipo bolsa.

O FSD foi introduzido em 1938, primeiro de brim, que se mostrou muito leve e pouco quente, e depois de pesada sarja cáqui. As calças tinham modelagem mais solta, que usava o tecido de maneira mais econômica (uma importante preocupação para uma possível economia de guerra) e foi inspirada em criações contemporâneas para esquiadores, que facilitavam os movimentos.

Nem todo mundo aprovava o novo desenho racional. Mas, na época, ele era o mais avançado no mundo. Cada detalhe do novo visual havia sido considerado, até o que deveria ser carregado em cada um dos novos bolsos: um traseiro, para objetos pessoais; um bolso pregueado frontal à direita, para vestuário de campo; e um grande bolso com aba (com botão escondido) na coxa esquerda, para guardar mapas. Presilhas nos tornozelos facilitavam o recolhimento do tecido, antes do acréscimo das polainas que substituíram as caras botas de couro de cano alto.

Exceto por pequenas revisões a partir de 1942 - para economizar dinheiro o design austero da P40 teve passantes e presilhas de tornozelo removidos e foi acrescentado um bolso simples com aba e botão para os mapas -, o desenho do uniforme de batalha de 1937 tornou-se o padrão para a infantaria britânica até 1960. Foi a primeira calça de combate; outros países da Commonwealth apresentaram suas versões, como fizeram os Estados Unidos com seu uniforme European Theatre of Operations (ETO) [Teatro de Operações Europeu]. O desenho foi tão bem-sucedido que as forças alemãs se apoderaram de grandes estoques depois da queda da França em 1940 e os distribuíram para as tripulações de submarinos.

Mais bolsos foram acrescentados às calças em 1942; um uniforme especial para os paraquedistas dos Estados Unidos recebeu outro grande bolso "utilitário" em sua calça de sarja de algodão leve. Mesmo então, parece que os estilistas do Departamento de Defesa dos Estados Unidos e os soldados em campo não se entendiam: com frequência, paraquedistas acrescentavam um bolso utilitário, por serem os únicos militares autorizados a fazer mudanças pessoais em seus uniformes.

Página ao lado: Durante a Segunda Guerra Mundial, bolsos distintivos nas calças caracterizavam o uniforme dos paraquedistas dos EUA - que com frequência acrescentavam um bolso adicional, sendo os únicos militares autorizados a fazer alterações em seu uniforme. Abaixo: O Vestuário Britânico de Serviço em Campo de 1938, aqui na sarja de lã padrão.

BERMUDA

CALÇAS

Página ao lado: Passeando por Nova York no fim dos anos 1950; no calor do verão, as bermudas eram uma escolha prática, embora um pouco alternativa. Abaixo: Alfaiates criaram paletós que seriam usados com bermudas. Mais abaixo: O vestuário nacional para os homens em Bermuda, completo com mocassins com borla, gravata e meias na altura dos joelhos.

Shorts podem não se classificar muito bem na escala de estilo do vestuário masculino. Lembram uniforme de escoteiro e são a melhor forma de ter cicatrizes nos joelhos, sinais de uma vida de aventuras. Antes de o guarda-roupa infantil ter versões miniaturizadas de "roupas de adultos", eles ajudavam as crianças a pensar e se comportar como tais. Eram aceitos para homens adultos apenas em esportes - calças curtas foram usadas no golfe a partir dos anos 1890, enquanto os primeiros shorts de tênis só foram vistos em 1932 (vestidos por Bunny Austin no campeonato masculino dos Estados Unidos, em Nova York).

Exceto para os homens da ilha de Bermuda, de onde vêm as calças curtas (shorts na altura do joelho) que ganhariam o nome daquele território britânico e que dariam origem às bermudas como as conhecemos hoje. Lá elas são usadas desde 1930 de acordo com um severo código de vestimenta - com pregas e 7,5 centímetros acima do joelho, com blazer, gravata regimental, mocassim com borla marrom ou preto e "meia bermuda" na altura do joelho - para trabalhar e até para eventos noturnos. "A calça curta é uma escolha de moda terrível", disse Winston Churchill. "A menos que seja em Bermuda."

Bermudas são usadas hoje em dia nos fins de semana de verão, nas férias e até, em algumas culturas, no escritório. Eram parte do vestuário nacional de Bermuda até 2007, quando sua associação com o passado colonial da ilha e com as Forças Armadas Britânicas provocou o rebaixamento de seu status. De fato, os shorts surgiram dessas mesmas Forças Armadas: Bermuda tornou-se um posto militar avançado para a Marinha Real em 1816. Há uma história que diz que um certo Nathaniel Coxon dirigia uma loja de chá que se tornou ponto de encontro da marinha. No interior lotado da loja, o calor, sempre insuportável na ilha, aumentava até os militares se queixarem do desconforto provocado pelo uniforme de blazer e calça cáqui. A solução econômica e refrescante de Coxon? Cortar as calças acima do joelho. Foi preciso apenas que o contra-almirante Mason Berridge, cliente da loja, visse o modelo - há relatos de que ele o considerou "um pouco da velha Oxford e um pouco do Khyber Pass" - para adotá-lo para seus oficiais. Ele acrescentou as meias na altura dos joelhos para dar elegância ao visual.

Os shorts difundiram-se pelas Forças Armadas Britânicas, usados por tropas que serviam em climas tropicais e há muito já tinham encurtado suas calças do uniforme quando permitiram alterá-las. O que aconteceu primeiro - a praticidade de Coxon ou a do esquadrão britânico - ainda é incerto. O que é claro é que em Bermuda o uniforme da Marinha Real se refletiu na vida da ilha; os habitantes de Bermuda encontraram seu estilo. Mas os homens vestem shorts em todas as cores possíveis, menos cáqui, que é usado apenas por estudantes.

Ao fazer dos shorts longos uma parte aceitável do guarda-roupa masculino - másculo o suficiente para Ernest Hemingway tornar-se fã -, os nativos de Bermuda remetem à história do vestuário masculino. No início do século XIX, os homens já vestiam o que era mais conhecido como culotes havia mais de dois séculos. Feitos de lã para o inverno e algodão ou linho para o verão, ajustavam-se às coxas e eram afivelados ou abotoados abaixo dos joelhos. Para o homem elisabetano, a variedade era grande: muito curtos, largos ou muito largos, sem mencionar o modelo francês, o veneziano e o *plunderhosen* [tipo de culote]. Cavalheiros abriam fendas em seus culotes para revelar uma camada interna de cor brilhante. Em alguns, faixas adicionais de tecido de cor diferente cobriam por inteiro esse forro. Sem levar em conta os adjetivos que poderiam ser empregados se um homem usasse esses shorts hoje em dia, os culotes eram considerados "afeminados". Foi só por volta de 1825 que as calças foram aceitas, e culotes passaram a ser usados apenas em ocasiões muito formais.

3.
SAPATOS

SANDÁLIA / BOTA DESERT / TÊNIS DE BASQUETE / SAPATO DE TRABALHO / BOTA DE TRABALHO / MOCASSIM / SAPATO DRIVER / BROGUE / DOCKSIDE

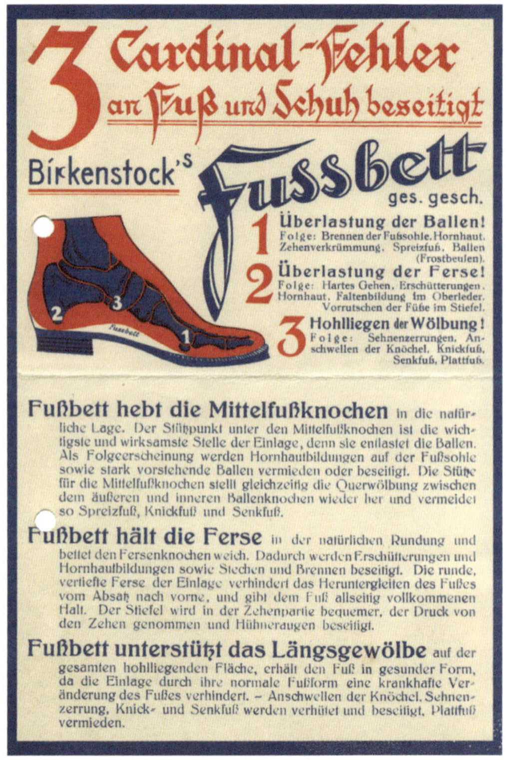

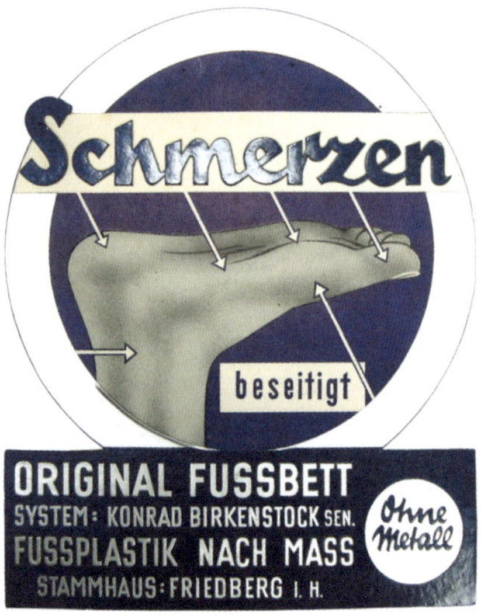

Nesta página e na seguinte: Uma família em meio à natureza pode ser a imagem típica de quem usa sandálias, mas o apelo de volta às raízes da Birkenstock está no pioneirismo da engenharia, do design e da compreensão da anatomia que fizeram parte de sua criação.

SANDÁLIA

SAPATOS

O *flower power* podia estar em declínio no começo dos anos 1970, mas o estilo hippie permanecia na moda. Se o livro das regras de vestuário pôde ser simbolizado pelo terno urbano risca de giz com colete, a libertação diante dessas restrições foi mais bem representada, talvez, pela sandália - o calçado dos casais peregrinos, dos amantes da natureza e adeptos do estilo de vida alternativo. Não era um calçado para o homem elegante. Até, talvez, 1973, com o lançamento da Arizona, um nome que sugeria grandes espaços abertos, caubóis e até homens de fronteira. Mas um nome pode enganar.

A Arizona era uma sandália de duas tiras da Birkenstock, empresa alemã então pouco conhecida. Tudo nela era pouco viril, considerando o conceito de masculinidade do tipo peito largo e peludo na época. A Arizona era, como muitas coisas na década de 1970, marrom. Tinha duas fivelas grandes. E era ortopédica, com uma palmilha em forma de pegada para apoiar o pé da maneira certa - algo ignorado havia muito tempo pelos fabricantes de sapatos -, moldando-se à forma do pé com o uso. A palmilha foi projetada para melhorar a postura corporal e era perfeita: feita de uma mistura de látex de seringueira e cortiça, que absorvia a umidade e tinha efeito antibacteriano. Algumas pessoas consideravam as sandálias feias. Com certeza, não eram convencionais. Mas os homens as adotaram. Nenhuma sandália era tão máscula desde os tempos do uniforme dos centuriões romanos. A premiada Arizona passou a definir a cara masculina desse tipo de calçado, conferindo às sandálias o apelido carinhoso de Birkies.

Havia muito tempo a Birkenstock era uma empresa familiar próspera, tão preocupada com o estilo quanto com a melhoria da funcionalidade de seus calçados por meio da engenharia. Em 1969, ano do festival Woodstock, ela criou a primeira cortiça térmica maleável para utilização ortopédica. Em 1973, quando lançou a Arizona, a empresa desenvolveu a primeira máquina de moldagem eletromecânica, que fazia palmilhas em diferentes comprimentos e larguras com um molde ajustável. Seus produtos eram criados com a mesma atenção à ergonomia com que se produz atualmente um carro ou um telefone celular; de fato, o produto-chave seguinte, uma sandália de dedo lançada em 1982, levou três anos para ser desenvolvida e gerou o registro de oito patentes. A companhia era líder de mercado no desenvolvimento e uso de cola favorável ao meio ambiente, cujo custo adicional foi administrado com uma redução no seu uso. No fim do milênio, a empresa produziu o primeiro tamanco superleve de EVA e uma coleção de sandálias que não usava nenhuma cola.

A empresa tem criado palmilhas especializadas desde 1896, quando era dirigida por Konrad Birkenstock; seu ancestral, Johann Adam, começou o negócio como "vassalo e sapateiro" em 1774 na cidade alemã de Bad Honnef, 48 quilômetros ao sul de Bona. As ideias de Konrad eram radicais: ele passou dezesseis anos viajando pela Alemanha e Áustria, conversando com outros mestres sapateiros e explicando suas ideias para palmilhas com a intenção de criar uma rede de licenças. A companhia deslanchou em 1915, durante a Primeira Guerra Mundial, quando a oficina ortopédica do Frankfurt Friedrichsheim Hospital a contratou para fazer sapatos sob medida para soldados feridos, e o diretor do hospital aceitou patrocinar suas criações. Dez anos depois, a "palmilha azul" tornou-se o primeiro produto comercializado internacionalmente pela Birkenstock. Mas seu maior sucesso só apareceria cerca de cinquenta anos mais tarde.

BOTA DESERT

SAPATOS

As botas desert Clarks são um dos modelos mais versáteis de calçados masculinos. Podem amenizar a formalidade de um terno, como explorou o *couturier* Hardy Amies, da Savile Row, na década de 1960. Parecem distintas com uma jaqueta desconstruída e, com jeans, são uma alternativa mais elegante que os tênis. As botas ficam bem até com shorts cáqui baggy, como eram usadas originalmente: afinal, elas têm "qualidades lendárias em climas quentes", como declaravam as propagandas da companhia na década de 1950.

Talvez tenham sido essas qualidades que chamaram a atenção de Nathan Clark, da C. & J. Clark, uma família de sapateiros de Somerset, Inglaterra. Na Segunda Guerra Mundial, quando servia em Burma, ele viu o que descreveu como uma "bota rústica de camurça com sola de borracha crepe" nos pés de oficiais do Oitavo Exército que estavam de licença, mas haviam combatido antes no Egito. As botas foram feitas para eles no Velho Bazaar no Cairo, onde comerciantes usavam uma versão mais rústica. Clark teve a impressão de que, por sua vez, o modelo derivava de botas de soldados sul-africanos, baseadas nos *veldschoen* (sapatos para campo aberto) usados pelos colonizadores holandeses.

Em 1949, de volta a Somerset, Clark pediu ao modelista Bill Tuxhill para recriar o modelo superconfortável e enxuto: parte de cima em duas peças, reforço no calcanhar e sola de borracha crepe em uma fôrma larga de frente arredondada. Muitas pessoas na empresa tinham certeza de que a bota não venderia, mas Clark pensava diferente; sua sola pioneira era a primeira alternativa confortável para o couro. As botas desert fizeram grande sucesso nos Estados Unidos, primeiro como parte do visual *preppy*, consequência de um editorial da revista *Esquire* em 1950 e da criatividade da companhia para lançar o modelo na Feira do Calçado em Chicago: Clark recriou um oásis no deserto, e havia até dançarinas do ventre que exibiam a bota sobre uma almofada de seda.

Embora de fabricação britânica, a bota desert só foi lançada na Europa quinze anos depois, quando teve tanto sucesso que, na Itália, era vista como inglesa por excelência, e na França, fosse original ou não, ficou conhecida como *les Clarks*. O modelo tem sido um favorito de ícones culturais e de estilo por décadas - Steve McQueen (em *Fugindo do inferno*, de 1963), Bob Dylan e os Beatles eram fãs - e é uma recorrência em vários movimentos de estilo. A bota desert foi a escolhida dos mods dos anos 1960 e 1970, dos grupos de hip-hop dos anos 1980 (customizada com uma caneta marcadora), dos fãs de música house nos anos 1990 (confortável o bastante para dançar até de manhã), e sua popularidade ultrapassou a era do brit pop dos anos 1990.

A bota desert é apresentada em muitas formas: em tweed Harris, couro envernizado, xadrez escocês, tecido reciclável, nas cores vermelho, azul e branco da bandeira britânica... Mas o clássico ainda é a camurça, como era fornecida desde o início pelo curtume Charles F. Stead & Co. em Leeds, norte da Inglaterra.

A Clarks tem o dom de descobrir clássicos. Em 1964, Lance Clark lançou a Wallabee, outro calçado macio cujo design parece desafiar a categorização fácil. E, em 1974, a Desert Trek - uma variação da bota desert, com corte mais baixo e costura central na parte superior do calçado - foi apresentada como resposta à crise do petróleo, quando mais gente ganhou as ruas para ir a pé ao trabalho.

Abaixo e na página ao lado: Vista pela primeira vez nos pés de comerciantes do Velho Bazaar do Cairo, as botas desert eram parte não oficial do uniforme britânico para soldados na África do Norte na Segunda Guerra Mundial. Com a versão comercial de Nathan Clark, passou a ser usada por beatniks e mods.

Clarks days
are back again.
ORIGINAL
DESERT BOOT
Clarks

TÊNIS DE BASQUETE

SAPATOS

Como surgiu o Converse All Star é uma história que pertence a tempos mais inocentes. Em 1921, um consagrado jogador de basquete, Charles, ou "Chuck", Taylor, entrou no escritório da Converse em Chicago procurando emprego. Naquele tempo as celebridades ainda não pautavam o mundo, e a companhia não o contratou como garoto-propaganda do produto, mas como vendedor. Taylor cumpria seu dever e vendia os tênis de basquete da marca, e na década de 1930 a Converse decidiu acrescentar o nome dele ao produto.

O chefe de Taylor era Marquis Mills Converse, diretor de uma empresa de calçados que em 1908 havia decidido fundar seu próprio negócio. A Converse Rubber Shoe Company, com base em Malden, Massachusetts, logo estabeleceu uma reputação sólida com seus calçados masculinos de sola de borracha. Ela entrou no mercado dos tênis em 1915 e lançou o modelo para basquete Converse All Star dois anos mais tarde. Era inovador, mas foi a versão Taylor que se tornou um ícone para a marca.

O tênis tinha as melhorias sugeridas por Taylor, notadamente o reforço para o tornozelo. Mas foram as vendas que garantiram que o tênis conhecido como Chuck Taylor fosse o calçado oficial de treinamento físico no Exército dos Estados Unidos durante a Segunda Guerra Mundial. Sua competência de vendedor também levou à criação da primeira Clínica Converse de Basquete, destinada a melhorar as habilidades de jogadores universitários nos Estados Unidos, e convenceu treinadores e lojas de produtos esportivos locais a adotar os calçados Converse. Em 1949, o All Star era o calçado oficial dos jogadores na Liga Americana de Basquete, a precursora da Associação Americana de Basquete (NBA).

Página ao lado e abaixo: Do sapato de camurça azul aos tênis de lona branca: Elvis Presley balança o quadril usando um Jack Purcells, um dos principais modelos da Converse. Mas nenhum deles superou o modelo de basquete Chuck Taylor, mostrado abaixo em uma de suas versões anuais.

Taylor foi vendedor e representante do tênis de basquete por 48 anos, até morrer, em 1969. Mais importante, ele também supervisionou a bota All Star de lona, ou cano alto, enquanto ela se tornava parte do folclore americano. Disponível apenas em preto até 1947, quando foi introduzida a versão toda branca, a bota se tornou parte do uniforme adolescente e universitário, tanto quanto o jeans e as camisas de flanela xadrez, e foi uma escolha da subcultura rockabilly da época. Tudo isso foi consequência, em grande parte, do marketing inteligente: todo ano a empresa produzia o Converse Yearbook, que comemorava os destaques do ano no basquete e incluía atletas colegiais. O tênis tinha ilustrações de Charles Kerin, cujo trabalho, com o de Norman Rockwell, criou a imagem arquetípica do *American dream* da década de 1950.

Na década de 1960, a Converse dominava o mercado de calçados para prática esportiva – em 1966, ela até decidiu introduzir sete opções de cores para a bota. Porém, seu tempo de glória não durou. Companhias concorrentes surgiram na década de 1970; a Converse não inovou e foi suplantada por designs tecnicamente mais avançados de empresas como Nike e Adidas.

Mesmo assim, os Chuck Taylors – também chamados carinhosamente de Chuckies, Connies e All Star – continuaram com muitos fãs leais e, a partir do fim da década de 1970, foram bastante usados por importantes tribos, em especial aquelas vinculadas à música, entre elas o punk rock americano, o grunge (Kurt Cobain do Nirvana raramente usava outro calçado), G-funk – a variedade do rap/hip-hop da Costa Oeste – e, na virada do século XXI, o emotional hardcore (ou emocore). Com tantos seguidores fora do mundo esportivo, não é surpresa que a Converse All Star possa afirmar que seu calçado para práticas esportivas é o mais vendido de todos os tempos.

SAPATO DE TRABALHO

SAPATOS

Em vez de ser nomeada de forma prosaica com um número no almoxarifado, a bota 1460 da Dr. Martens tem esse nome porque a primeira delas saiu da linha de produção na fábrica R. Griggs em Wollaston, Northamptonshire, em 1º de abril de 1960. A bota vermelho-cereja com oito furos para cadarço foi diferente desde o começo, tal como a versão sapato, a 1461, lançada no ano seguinte. Mas, inesperadamente, talvez, considerando o peso e a deselegância desse calçado, a 1460 tinha mais a ver com conforto do que com aparência, e, uma vez superadas as dores de amaciar as botas, elas se tornavam muito fáceis de usar, comparadas com outros calçados de trabalho da época.

"É um fato! O trabalhador nunca teve à sua disposição uma bota realmente confortável!", declarava um anúncio da Dr. Martens em 1960. "'Trabalho duro - Botas duras' era uma norma a ser acatada. As revolucionárias solas *air cushioned* da Dr. Martens puseram fim a essa tortura de amaciar as botas... uma experiência muito agradável para os pés tão castigados."

Embora a famosa sola Airway seja agora considerada um típico produto britânico, ela foi inventada por um alemão durante a Segunda Guerra Mundial. Dr. Klaus Maertens, um homem de 25 anos que havia voltado do front para casa, convalescia de um acidente com esquis em 1943 quando teve a ideia de criar um material preenchido com ar para solas que ajudariam seu pé dolorido. A ideia foi posta em prática quando ele se uniu ao dr. Herbert Funck, um engenheiro mecânico. Os dois compraram borracha em desuso encontrada nos campos de pouso de Luftwaffe e criaram um método de selagem por calor, em vez de costura, da sola à parte superior do calçado, o que criou compartimentos herméticos (que mais tarde se tornaram úteis para criativos traficantes de drogas).

A DM, como ficou conhecida a bota, teve começo pouco promissor: era vendida para senhoras como calçado ideal para jardinagem. Só em 1960 a Griggs, uma fábrica de sapatos, adquiriu os direitos exclusivos de fabricação, fez mudanças no design que definiriam a aparência característica das DMs tanto para botas quanto para sapatos - forma arredondada, beirada reforçada e costura ama-

Página ao lado: O punk foi só uma das tribos a adotar a bota Dr. Martens como parte de seu uniforme - um visual e uma atitude que estavam muito longe da submissão dos oficiais de polícia ou carteiros aos quais havia sido destinada a mesma marca de calçado.

rela da borda - e decidiu usar o nome anglicizado Dr. Martens. "Dr. Funck's" foi rejeitado como marca por ser potencialmente ofensivo.

O conforto da DM garantiu que ela se tornasse por algumas décadas parte dos uniformes de serviço público - dos funcionários do correio e das ferrovias aos oficiais de polícia (que eram orientados a cobrir a costura amarela com tinta preta) e funcionários do metrô de Londres. Mas, quase de forma singular, seu visual também atraiu a atenção de todas as subculturas jovens entre as décadas de 1960 e 1990, até o advento do tênis como objeto de moda, que marcou tempos difíceis para os sapatos e para a empresa Griggs.

As DMS eram usadas (e customizadas) por punks, góticos, grunges, hard mods e, mais ainda, skinheads - inicialmente operários fãs de ska e mais tarde nacionalistas. Os "skins" as preferiam marrons, com graxa preta nos vincos para "envelhecê-las", sempre em números maiores, com cadarços passados pela etiqueta Airwair acima do contraforte e amarrados na perna; as calças eram curtas para que esse arranjo ficasse visível. Elas eram usadas por integrantes de bandas como The Clash, Slade, Madness e Pete Townshend do The Who.

O modelo se tornou uma espécie de sapato ou bota do homem comum. Hooligans do futebol achavam as pontas de aço úteis, a ponto de, durante a década de 1970, a polícia ter feito torcedores deixarem suas DMS fora dos estádios. No outro extremo, meninas adolescentes descobriram, por intermédio das DMS, que não precisavam se vestir "bonitinhas".

Página ao lado: Pete Townshend cantava sobre os skinheads na canção "Uniforms" do The Who: "Wear your braces round your seat / Doctor Martens on your feet / Keep your barnet very neat / For credibility on the street". Aqui, a polícia revista mods. Não demoraria até eles confiscarem as DMS dos hooligans do futebol.

BOTA DE TRABALHO

SAPATOS

Página ao lado: A imitada bota clássica de trabalho Red Wing; a característica cor de ferrugem deu a ela seu nome - Irish Setter. O modelo, com típica sola branca, teve longa evolução. Os anteriores tinham sola plana com calcanhar característico, mais parecido com os modelos da Red Wing para outras atividades específicas, como rachar lenha e conduzir locomotivas. Abaixo: Um dos primeiros anúncios da Red Wing para seu modelo Farmer's Shoe (Sapato de Agricultor), mostrando como ela se posicionava como fornecedora de calçados para o trabalho braçal. Muito mais tarde sua reputação operária foi selada quando Jack Nicholson usou a marca em *Um estranho no ninho* (1975).

Da mesma forma que a "bota amarela" da Timberland se tornou um modelo que é a cara da companhia, a bota de trabalho Irish Setter, com sua característica sola branca e a parte superior de couro cor de ferrugem, que imitava o pelo do cachorro cujo nome ela herdou, passou a ser um emblema de seu fabricante, a Red Wing. Um padrão para botas de trabalho, esse modelo dos anos 1930 também cresceu a partir de uma base dita Americana [cultura de raiz] - um estilo operário-chique, originário do jeans Levi's 501, que valorizava a autenticidade e as qualidades resistentes de produtos criados para um propósito: mineração, cortar lenha, abastecer um motor a vapor, dirigir carretas. As botas de engenharia com sua fivela transpassada, de cerca de 1933, há muito tempo adotadas por motociclistas, têm o mesmo apelo.

A Red Wing foi fundada em 1905 por Charles Beckman, imigrante alemão que deu a ela o nome de uma cidade de apenas 16 mil habitantes localizada nas falésias do rio Mississippi, em Minnesota. A cidade recebeu o nome do chefe da tribo dakota, Red Wing, que foi o primeiro entre seus antecessores também chamados Red Wing a ficar conhecido - apropriadamente para uma empresa de calçados - como Walking Buffalo (Búfalo Andante).

O território era ideal para botas resistentes, com suas florestas, terras agrícolas e minas de ferro, todas sujeitas a climas extremos: calor escaldante no verão e temperaturas de até -30°C no inverno. Com a indústria pesada se expandindo na região, as botas Red Wing encontraram um mercado pronto, em especial para seu modelo de agricultor Brown Chief, de 1919. Os antecessores da Irish Setter foram apresentados nos anos 1920, com o lançamento das primeiras "botas de sair", criadas para atividades de lazer ao ar livre, em particular a caça, a pesca e a navegação. A guerra proporcionou à companhia um mercado ainda mais aquecido: ela fornecia ao Exército dos Estados Unidos sua bota nº 16 na Primeira Guerra Mundial e de novo na Segunda Guerra, quando ela era oferecida em 239 tamanhos e larguras para garantir o conforto em longas marchas.

Mas foi só nos anos 1950 e começo dos anos 1960 - a era clássica da Americana à qual as tendências retrô retornam sempre - que a Irish Setter, ao que parece criada justo para ter esse efeito com jeans, tornou-se uma popular bota de passeio nos Estados Unidos. Nada expressou essa ideia de modo mais sucinto, talvez, do que as imagens publicitárias da época desenhadas por Norman Rockwell, cujos personagens de faces vermelhas saídos da Main Street, que trabalhavam duro e se divertiam muito, ajudaram a definir a era no imaginário popular.

As botas Red Wing poderiam ter um papel ainda maior na história da cultura de rua se um figurinista não houvesse cedido a um ator. Harrison Ford deveria ter usado um par ao representar Indiana Jones na franquia de filmes de Steven Spielberg. Mas Ford sugeriu uma alternativa: as botas feitas por outro fabricante dos Estados Unidos, Alden, que ele usava quando era carpinteiro. Essa bota pode ser conhecida hoje como a Indy, mas não tem o legado da Red Wing.

MOCASSIM

SAPATOS

As origens do mocassim moderno são tão acidentais quanto intencionais. Fabricantes americanos procuravam um modelo que fosse mesmo deles, não uma importação das famosas cidades sapateiras inglesas em Northamptonshire. Ele surgiu durante os anos 1930, quando a Spalding, de New Hampshire, pôs no mercado um sapato macio, de enfiar no pé, e o chamou de mocassim (*loafer* significa "preguiçoso"), com tudo o que o nome sugeria de conforto e descanso.

Na mesma década, em 1936, um funcionário da G.H. Bass, também um fabricante da Costa Leste com sede em Wilton, Maine, voltou de uma viagem pela Noruega levando para a companhia um sapato tipo mocassim costurado à mão. O modelo era tradicional dos indígenas sami e de pescadores escandinavos, que o usavam quando não estavam no mar, e também era associado a nativos americanos, que usavam sapatos de pele de cervo costurada grosseiramente sem solas rígidas para melhorar os movimentos. Esses modelos eram confortáveis e foram usados por antigos mercadores - no fim do século XVIII colonizadores na América mandavam os calçados para a Europa. Há uma história sobre pescadores na Noruega terem adaptado os sapatos quando exploradores noruegueses voltaram da América do Norte, criando um intercâmbio.

Inspirado pela descoberta do empregado, Bass acrescentou uma sola grossa a fim de tornar o modelo mais resistente, vistoso e adequado ao mercado dos Estados Unidos, e também criou o que se tornaria seu aspecto mais celebrado: um pesponto ou uma faixa com um recorte em forma de diamante sobre a gáspea. A empresa chamou o modelo de Weejun, uma corruptela de *norwegian* (norueguês).

A intenção do recorte era só acrescentar um detalhe decorativo. Mas, quando universitários americanos passaram a usá-lo - confortável e elegante, mas casual o bastante para não parecer corporativo -, após a Segunda Guerra Mundial, eles introduziam uma moeda na abertura, daí o apelido do modelo: *penny loafer* [mocassim centavo, em tradução livre]. Uma empresa, a Kerrybrooke, chegou a produzir um sapato, o Teenright Smoothie, que vinha com uma moeda

Página ao lado e abaixo: Michael Jackson em sua dança característica; os mocassins lhe davam liberdade de movimento, enquanto as meias brancas eram uma suposta homenagem às polainas brancas usadas por Fred Astaire. Jackson tinha mais que um centavo para pôr no recorte do sapato.

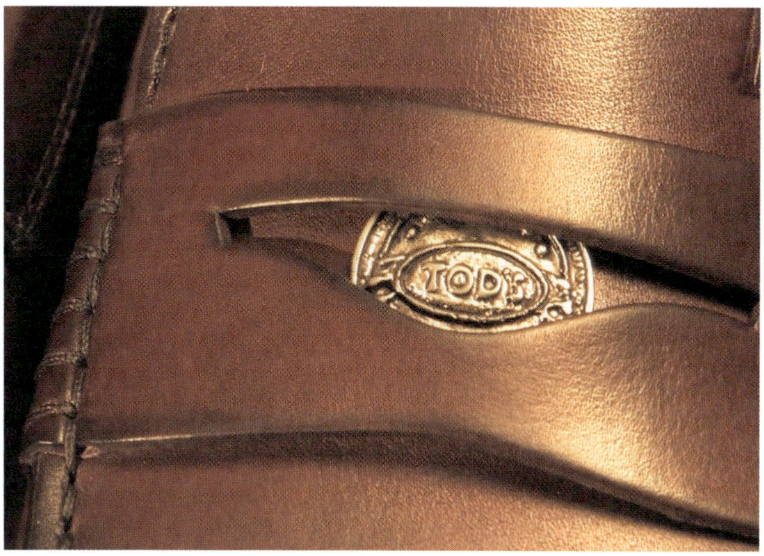

da sorte. O mocassim era tão popular que o jornal da Universidade da Carolina, o *Daily Tar Heel*, publicou um artigo que perguntava "O que é Bass Weejuns?" e declarou que os usuários do sapato estavam "com tudo". James Dean, personificação do arquétipo do jovem dos anos 1950, fez dos mocassins parte de seu uniforme de jeans e camiseta branca. Elvis Presley usou um par branco em *Prisioneiro do rock* (1957).

As moedas não eram o único enfeite que conferia distinção a um modelo enxuto. Em 1952 - supostamente a pedido do ator Paul Lukas, astro de *A dama oculta*, de 1938, e *Horas de tormenta*, de 1943 -, a Alden, uma fábrica dos Estados Unidos (também uma companhia da Costa Leste, de Massachusetts), criou o mocassim com borla. Nele, a borla, na verdade um cordão que contornava o sapato e terminava em um nó de couro, não era apenas um toque jovial; sugeria que o sapato calçava tão bem sem cadarços que eles não eram necessários. Quando Brooks Brothers decidiu fabricar o modelo, em 1957, o lugar do mocassim no guarda-roupa *preppy* estava garantido. Surgiram outras decorações. A marca norte-americana Sebago, por exemplo, introduziu o *beefroll* - um tubo grosso de couro costurado dos dois lados da gáspea. Línguas franjadas também eram populares, como o modelo veneziano sem gáspea ou enfeites. O modelo mais leve da Gucci, um símbolo de status - adorado por gente como John Wayne e Clark Gable -, substituiu o recorte e o cordão por um bridão.

Com informalidade, conforto e certa despreocupação, o mocassim é o calçado americano para os homens, popular na Europa apenas entre subculturas como mods e skinheads. Nos anos 1960, era cada vez mais usado, não só nos fins de semana, mas também no escritório, quando John F. Kennedy popularizava o uso de Weejuns sem meias. Foi com meias - grossas e brancas -, calça na altura do tornozelo e jaqueta de couro vermelho estilo ficção científica criadas pela figurinista Deborah Landis que Michael Jackson escolheu usar sua versão de couro envernizado cerca de vinte anos depois, em 1984, no vídeo para o single "Thriller". Depois disso, os mocassins se tornaram marca registrada do seu estilo.

Página ao lado e abaixo: Os mocassins simbolizavam conforto nos anos 1950 e se tornaram o principal calçado do estilo *preppy*, tanto para mulheres quanto para homens. Sebago, outra importante empresa americana, tornou-se a principal rival da Bass na produção de mocassins.

Genuine
SEBAGO
HANDSEWNS
Since 1946
Genuine
SEBAGO
HANDSEWNS
Since 1946

Acima e abaixo: O sapato driver da Tod - em couro clássico ou em camurça mais colorida - é caracterizado pela sola de pinos de borracha, que têm de ser cuidadosamente encaixados à mão no couro do sapato. Página ao lado: Michael Douglas, em 1992, quando estrelou *Instinto selvagem*, de Paul Verhoeven.

SAPATO DRIVER

SAPATOS

Com estrutura supermacia, o driver parece mais uma sapatilha do que um mocassim, uma impressão fortalecida pelo fato de parecer não ter sola; ela é substituída por fileiras cerradas de 133 bolinhas de borracha que acompanham a curva do calcanhar e são coloridas para combinar com o couro. O mocassim Tod's - também conhecido como *gommino* ("pedrinhas", em italiano) por causa dos pinos de borracha - ficou popular como parte do estilo Ivy League [liga desportista de um grupo de universidades norte-americanas de prestígio].

Não podia ser outra coisa senão italiano, tanto em estilo - meio decadente, casual de um jeito *dolce vita* - quanto em sensibilidade; afinal, foi desenhado, supostamente, como um sapato para dirigir, de preferência um carro bem veloz, e em certo tom de vermelho. Por coincidência, talvez, o fundador da Tod's, Diego Della Valle, era membro da diretoria da Ferrari e da Maserati. E foram fotos de paparazzi mostrando Gianni Agnelli, chefe da Fiat e ícone de estilo italiano, com um par de Tod's depois de quebrar a perna enquanto esquiava que selaram o sucesso do modelo.

O *gommino* pode ter sido inspirado em sapatos para dirigir dos anos 1950, mas definiu sua categoria e gerou muitas imitações. Também pôs no mapa um velho negócio de família. Filippo, avô de Diego, era coureiro e sapateiro em Le Marche, norte da Itália, famosa pelos produtos artesanais de couro. O pai de Della Valle, Darino, expandiu os negócios para produzir sapatos de alta qualidade para lojas de departamentos dos Estados Unidos, vendidos com sua marca. Della Valle juntou-se à empresa em 1975, quando abandonou a faculdade de Direito em Nova York.

Ele concluiu que os negócios da família poderiam ter mais sucesso se ele fizesse sapatos sob sua própria marca. O problema era se destacar entre tantos fabricantes italianos de sapatos de luxo. Era preciso um modelo especial - algo que pudesse dar certo com roupas mais casuais, então um estilo distintivamente americano, mas que aos poucos se tornava global; um modelo que funcionasse com um terno e, ao mesmo tempo, reduzisse sua formalidade.

Della Valle achou o que queria quatro anos depois, em 1979, na forma de um velho híbrido de sapato e mocassim de dirigir, um visual que correspondia ao seu interesse no estilo Ivy League (em 1998, ele comprou o barco de John F. Kennedy, Marlin, em um leilão). O nome inicial da marca, J.P. Tod, tirado de um catálogo telefônico de Boston, foi escolhido porque era fácil de pronunciar em qualquer idioma e sugeria uma antiga empresa de família. Quando tirou o J.P. do nome, a empresa foi questionada sobre a "morte de seu patriarca". Para garantir o toque americano no produto italiano, imagens de Cary Grant, Audrey Hepburn e do próprio herói de estilo de Della Valle, Steve McQueen, foram usadas na propaganda.

Para o sapato propriamente dito, Della Valle acrescentou pinos ao modelo híbrido e o produziu nos melhores couros, mais especialmente *Vacchetta*, uma pelica castanha que é uma espécie de marca registrada. O molde dos buracos na sola de couro, pelos quais os pinos passam saindo de um painel de borracha, é cortado à mão. A sola é costurada na parte superior, a estrutura macia é moldada à mão sobre uma fôrma, e as costuras são batidas - só alguns dos cerca de cem passos no processo de produção. É muito trabalho para um produto despretensioso. Mas isso, em parte, garantiu sua popularidade.

BROGUE

SAPATOS

Abrir furinhos na ponta dos sapatos para permitir que o interior seque depois de ficarem encharcados (ou para que sejam mais frescos no calor) pode ser uma solução drástica para um problema, mas deu origem a um dos sapatos mais marcantes, e muito decorados, do guarda-roupa masculino: o brogue. Os furos característicos e a beirada serrilhada são acrescentados a um oxford simples de amarração fechada ou a um derby de amarração aberta (também conhecido como Blucher, por causa de Gebhard Leberecht von Blücher, marechal de campo prussiano do século XVIII que o popularizou ao encomendá-lo para suas tropas). Mas, como muitos clássicos do vestuário masculino, o brogue tem suas origens na utilidade.

Foram trabalhadores agrícolas irlandeses e escoceses, plantadores em terrenos encharcados e pântanos, que no século XVI fizeram furos pela primeira vez em seus sapatos meio improvisados e sem calcanhar - "brogue" ou "brog" significa "sapato" em gaélico - e criaram padrões decorativos, típicos do vestuário masculino mais exuberante da era elisabetana. Enquanto o modelo ficava mais parecido com o brogue atual, enfrentar as intempéries continuava sendo fundamental; os primeiros sapatos eram feitos de raspas de couro coladas e em geral eram esfregados com cera de vela para ficar mais impermeáveis.

Depois de três séculos a decoração dos sapatos se mantinha, mas sua função se perdeu, e a ideia moderna dos brogues estava estabelecida. Mesmo assim, suas raízes rurais permaneceram, e o modelo resistente foi usado por guardas de caça até a virada do século, quando foi adotado por cavalheiros - e ainda assim só para ser usado no campo, de maneira mais comum para a prática esportiva. Foi essa associação com a vida ao ar livre que levou à adoção de uma versão mais cravejada do brogue como um calçado do golfe, quando Eduardo, príncipe de Gales, quebrou mais uma regra da etiqueta de vestuário (nesse caso, a de que cavalheiros usavam apenas sapatos simples) dominante até a metade do século XX. A influência do príncipe durante a década de 1920 em particular fez toda a Europa adotar como regra suas visões radicais de moda.

Página ao lado: O elegante sapato em que se transformou o brogue é muito diferente dos brogs irlandeses e escoceses nos quais o modelo tem suas origens.

Abaixo e página ao lado: O clássico sapato inglês produzido individualmente - que o brogue passou a simbolizar - é produto de umas 200 operações separadas; fazer e aplicar seus furinhos decorativos envolve ainda mais. Fábricas como essa, em Northamptonshire, Inglaterra - lar espiritual desse sapato -, produzem brogues desde a metade do século XIX.

O brogue logo fugiu de suas conotações esportivas. Tornou-se moda na alta sociedade do Leste Europeu graças a sapatos feitos à mão em Budapeste - e também conhecido como budapester. Foi o príncipe de Gales, de novo, quem primeiro usou brogues em ocasiões sociais; ele apresentou o meio-brogue (com biqueira decorada, em vez de asas laterais mais caras de um brogue inteiro, chamado wingtip) e ajudou o modelo a se mudar do campo para a cidade.

Os primeiros brogues pretos também foram vistos nessa época; até então a tradição determinava que deviam ser marrons, combinando com seu ambiente rural. Essa foi só a primeira derivação do brogue. Com as asas separando a gáspea do sapato em seções delineadas, eram feitos em duas cores (apelidados de *spectator* ou *co-respondent*) e ajudaram a definir o visual da era do jazz, bem como o imitado estilo de vestir dos dançarinos Fred Astaire e Gene Kelly.

Os brogues desafiaram suas origens humildes e, nos anos 1940, eram uma das variantes mais luxuosas e elegantes de calçado masculino, feitos por empresas como Florsheim, em Chicago desde 1892, que construiu sua reputação sobre as elegantes *wingtips* (asas) do modelo, das quais seu nome virou sinônimo. Não é de estranhar que, quando o detetive particular J. J. Gittes, representado por Jack Nicholson, quase se afoga em *Chinatown* (1974), sua principal preocupação é perder um dos sapatos. "Filho da mãe", ele diz. "Aquele era um maldito Florsheim."

DOCKSIDE

SAPATOS

Quando os docksides apareceram na capa do debochado *The official preppy handbook* de Lisa Birnbach em 1980, conquistaram seu lugar no guarda-roupa da nata da sociedade como a alternativa mais elegante para os tênis - sugestivos como eram de que seu dono tinha um iate onde usá-los. Muito apropriado, então, que a prontidão com que esse sapato foi aceito por seu conforto e por suas conotações - com inúmeras versões, das quais algumas, como a Sebago, eram mais autênticas que outras - desmentisse sua dívida com um príncipe. Mais ou menos.

As origens do sapato remontam ao início dos anos 1930, quando Paul Sperry, que trabalhara na Abercrombie & Fitch, aprendeu como podem ser escorregadios os deques recém-pintados de um iate. Ele havia comprado uma escuna sem acabamento e, depois de arrumá-la, levantou vela. Mas assim que ficaram molhados, os deques mais pareciam uma pista de gelo, e os tênis não tinham aderência nenhuma. Então, Sperry teve uma ideia. Não para melhorar o que usava nos pés, mas os deques, pintando-os de novo com uma camada de pó de esmeril. Funcionou, pelo menos para dar aderência. "Mas se alguma parte da anatomia humana entrasse em contato com aquela superfície, era como se massagear com uma lixa", ele explicou.

Ele voltou sua atenção para o modelo. Não queria sapatos tipo espadrilha feitos por uma empresa de iates; oferecia excelente tração nos deques molhados, mas as solas de corda eram escorregadias em superfícies secas. Sperry fez centenas de experimentos com sapatos de sola de borracha, e nenhum deles acrescentou muito - até ele perceber que seu cocker spaniel, Prince, era capaz de andar em superfícies escorregadias, e compreendeu que a aderência ao solo era proporcionada por finas ranhuras multidirecionais na base da pata. Ele criou um molde mais geométrico, semelhante ao padrão espinha de peixe, e o cortou em uma sola de borracha que deslizou numa superfície de teste - uma folha de metal polido.

O problema dos escorregões parecia estar resolvido. Um teste a bordo com um protótipo de par de sapatos usado por um jovem tripulante da escuna provou que as solas funcionavam. Os docksides haviam sido inventados. Sperry patenteou o desenho que chamou de Razor-Siping (corte de navalha) e tentou vender o conceito. Ele procurou a United States Rubber Company, que decidiu que a sola complexa encareceria os calçados no mercado. A Converse, porém, teve mais visão. A partir de 1935, passou a produzir solas lisas que mandava para Sperry. Ele as cortava, e a Converse dava acabamento aos sapatos.

Depois o marketing assumiu o comando: o amigo de Sperry, Donald White, sugeriu o nome Sperry Top-Sider e o convenceu a vender os sapatos (preço: US$ 4,50) por encomenda pelo correio - um veículo de vendas inovador na época. Sperry enviou cartas manuscritas para os cem membros do prestigiado Cruising Club of America, e todos responderam. A notícia se espalhou. Um certo sr. Vanderbilt fez um pedido para a tripulação de seu iate, e Sperry se esforçou para atender às encomendas - mais ainda quando, em 1939, dois anos antes de os Estados Unidos entrarem na Segunda Guerra Mundial, ele assinou o contrato para fornecer sapatos para a Marinha dos Estados Unidos. Assim foi até ele vender sua parte nos negócios - para a United States Rubber Company.

Mas a história não é tão simples. Apesar de criar um ícone, Sperry também provocou um debate que ainda continua. Como apontou a capa de *The official preppy handbook*, os docksides são um "elemento crucial" no estilo *preppy*. Mas também propõem o que Birnbach chamou de "a controvérsia da meia". Usar ou não usar - a discussão ainda não está encerrada.

Abaixo: Examinar as patas de um cão deu a Paul Sperry a ideia de como conferir maior aderência aos sapatos usados a bordo.

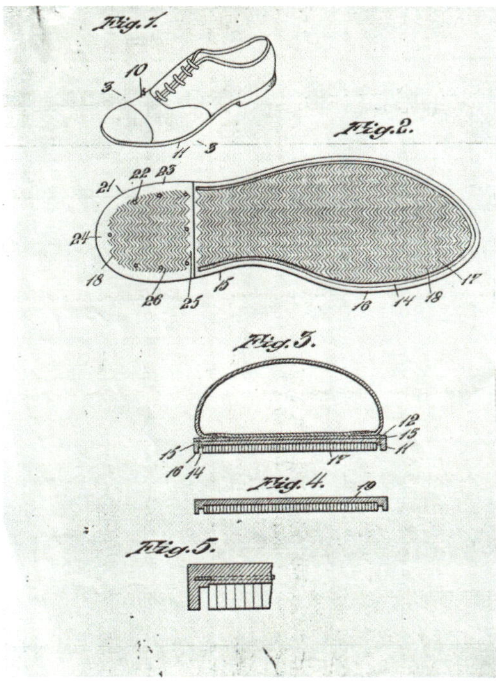

Acima e à direita: Os desenhos da patente de Sperry e um protótipo bem do início, entalhado por ele à mão.

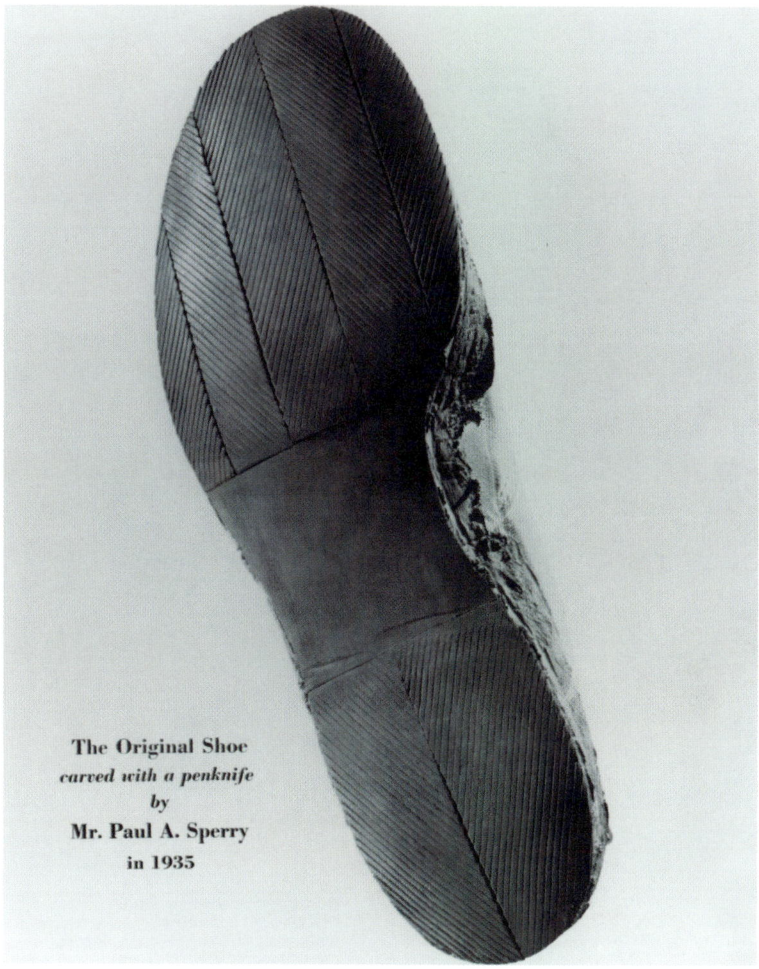

TRUMAN CAPOTE

4.
ROUPA ÍNTIMA

CUECA / CAMISETA /
CUECA SAMBA-CANÇÃO

CUECA

ROUPA ÍNTIMA

Página ao lado: Mike Tyson com seu tigre de estimação, um dos seis que ele tinha. Abaixo: Ser modelo de roupa íntima já foi tão polêmico que os modelos usavam máscaras pretas para se esconder. Mais abaixo: Até 1938, a Cooper's Underwear Company (predecessora da Jockey) tinha que criar modos de promover as cuecas sem mostrá-las de forma explícita; em um exemplo, noiva e noivo, ambos usando Jockeys, apareciam cobertos - sem muita eficiência - com folhas de celofane.

O primeiro comercial de cuecas Jockey foi ao ar no *The Tonight Show* da TV americana em 1958, um tempo em que os próprios apresentadores de programas de entrevistas divulgavam produtos, ao vivo, nos intervalos promocionais. A honra coube a Jack Paar, que teve um ataque de riso ao segurar a cueca e ler o script nos cartazes. O cliente não gostou. Mas o comercial que devia ter trinta segundos durou dois minutos, enquanto Paar se recuperava e recomeçava, e no dia seguinte houve uma corrida pelas cuecas Jockey nos Estados Unidos.

Comparadas à simplicidade do calção, as cuecas com frente em Y têm algo cômico. E isso apesar de suas óbvias vantagens funcionais: um ajuste confortável e sustentação. O nome Jockey sugeria linhas elegantes e a imagem elitista do hipismo - e também era uma forma de insinuar um *jock strap* (protetor de testículos dos esportistas, o único disponível para os homens então) sem usar o que era considerado um termo ofensivo.

Foi em 1934 que Arthur Kneibler, um executivo da Cooper's Underwear Company (antecessora da Jockey), recebeu um cartão-postal da Riviera Francesa com um homem em um traje de banho que parecia um biquíni. Isso lhe deu uma ideia: substituir as cuecas largas por outra bem pequena que, como afirmava de maneira tímida o anúncio, oferecia "suporte confortável e masculino".

Durante um ano que levou para obter o novo design, o protótipo foi aperfeiçoado com a consultoria de um urologista e foi muito testado. Em 19 de janeiro de 1935, chegaram as primeiras cuecas na loja Marshall Field & Co. de Chicago. Todas as 600 foram vendidas em três horas. Na semana seguinte, 12 mil cuecas foram compradas, e a Jockey teve de alugar um avião, apelidado com bom humor de "Masculiner", para agilizar a distribuição.

No fim de 1935, a Jockey apresentou uma evolução da cueca: a abertura na braguilha. Ela era composta por duas abas sobrepostas, cujas costuras formavam um Y, e não só permitia "melhor acesso masculino" - uma ideia delicada de transmitir na época -, mas também era um inteligente produto de engenharia. Na cueca original da Jockey as costuras verticais na frente de cada perna proporcionavam o principal suporte. A cueca com a abertura frontal, que começou a ser vendida por 50 centavos de dólar, mudava a direção dos suportes e redistribuía o peso para a "parte vertical do Y que é preso ao elástico da cintura da peça", como explicava o material de vendas. O usuário podia colocar o elástico da cintura onde fosse mais confortável e obter o nível desejado de suporte. Isso também permitiu que a Jockey desenvolvesse versões do modelo com pernas, por exemplo. Em 1959, a companhia lançou a primeira cueca biquíni de cintura baixa para homens, 100% de náilon elástico - um dos novos e fabulosos tecidos sintéticos da década.

A história da cueca com frente em Y pode ser traçada até outra parte da anatomia: os pés. Samuel T. Cooper estava de férias em Minnesota em 1876 quando conheceu lenhadores que sofriam de ferimentos nos pés, em grande parte por causa de meias de baixa qualidade e mal ajustadas. Incapaz de convencer os fabricantes a melhorar o produto, ele lançou o seu próprio. Na virada do século XX, Cooper diversificou entrando na área de roupas íntimas com sua marca White Cat, tão pioneira quanto a Jockey seria mais tarde. Em 1909, quando os homens usavam ceroulas de corpo inteiro com uma inconveniente abertura na parte de trás, um estilista da empresa, Horace Greely Johnson, fez um modelo com uma abertura frontal diagonal de abas sobrepostas - não muito diferente da que era usada na frente em Y. A Kenosha Klosed Krotch tornou-se o padrão internacional da roupa íntima masculina, tal como os modelos Jockey uma geração depois.

CAMISETA

ROUPA ÍNTIMA

A camiseta pode não ser a peça mais antiga no guarda-roupa masculino, mas, inegavelmente, pode ser declarada a mais simples. Também é uma das que têm maior potencial – uma tela em branco para marcas, arte e comentários políticos. Mas muito antes de o designer gráfico Milton Glaser criar o desenho "I ♥ NY", antes de a foto de Che Guevara feita por Alberto Korda enfeitar 1 milhão de peitos, as camisetas eram uma humilde e escondida peça de roupa íntima.

A roupa íntima masculina era, por tradição, um macacão, uma peça que combinava corpo, mangas longas e pernas até os tornozelos. O século XIX acabou antes de aparecer a roupa íntima de duas peças – uma camiseta de mangas longas e ceroula comprida, frequentemente unidas por botões. Manter o corpo todo aquecido era considerado essencial para evitar doenças relacionadas ao frio, razão pela qual as peças íntimas eram feitas de lã, e os homens raramente ficavam sem paletó e colete, mesmo em ambientes fechados.

A origem da camiseta está ligada a certas necessidades militares. Por volta de 1913, mudanças nos uniformes da Marinha Real e na Marinha dos Estados Unidos levaram soldados britânicos a usar uma peça íntima parecida com um colete, e marinheiros americanos tiveram de usar uma camisola de mangas cortadas – uma evolução da camisa de gola quadrada e abotoamento no ombro adotada desde os anos 1880. As mudanças foram feitas para deixar os braços livres para a execução de tarefas no convés ou o manejo de armas. O branco (ainda é a cor mais popular de camiseta) foi escolhido por várias razões: combinava bem com as cores dos uniformes da marinha, era barato, não demandava tingimento; como mostrava a sujeira, também servia para incutir autodisciplina e manter a higiene. O problema era que a peça britânica protegia pouco, e a americana era feita de flanela e demorava a secar.

Página ao lado: Paul Newman como "Fast" Eddie Felson em *Desafio à corrupção* (1961). Abaixo: Marinheiros jogando cartas numa embarcação da Marinha dos EUA na Segunda Guerra; a camiseta branca era parte do uniforme, mas só foi usada pelo Exército dos EUA após a guerra.

Duas empresas lideraram o desenvolvimento da camiseta como ela é conhecida hoje. Antes da Primeira Guerra Mundial, no Reino Unido, Thomas A. Hill e Co. – estabelecida no fim do século XIX e mais tarde conhecida como Sunspel – exportava roupa íntima de mangas longas feitas de algodão leve para climas

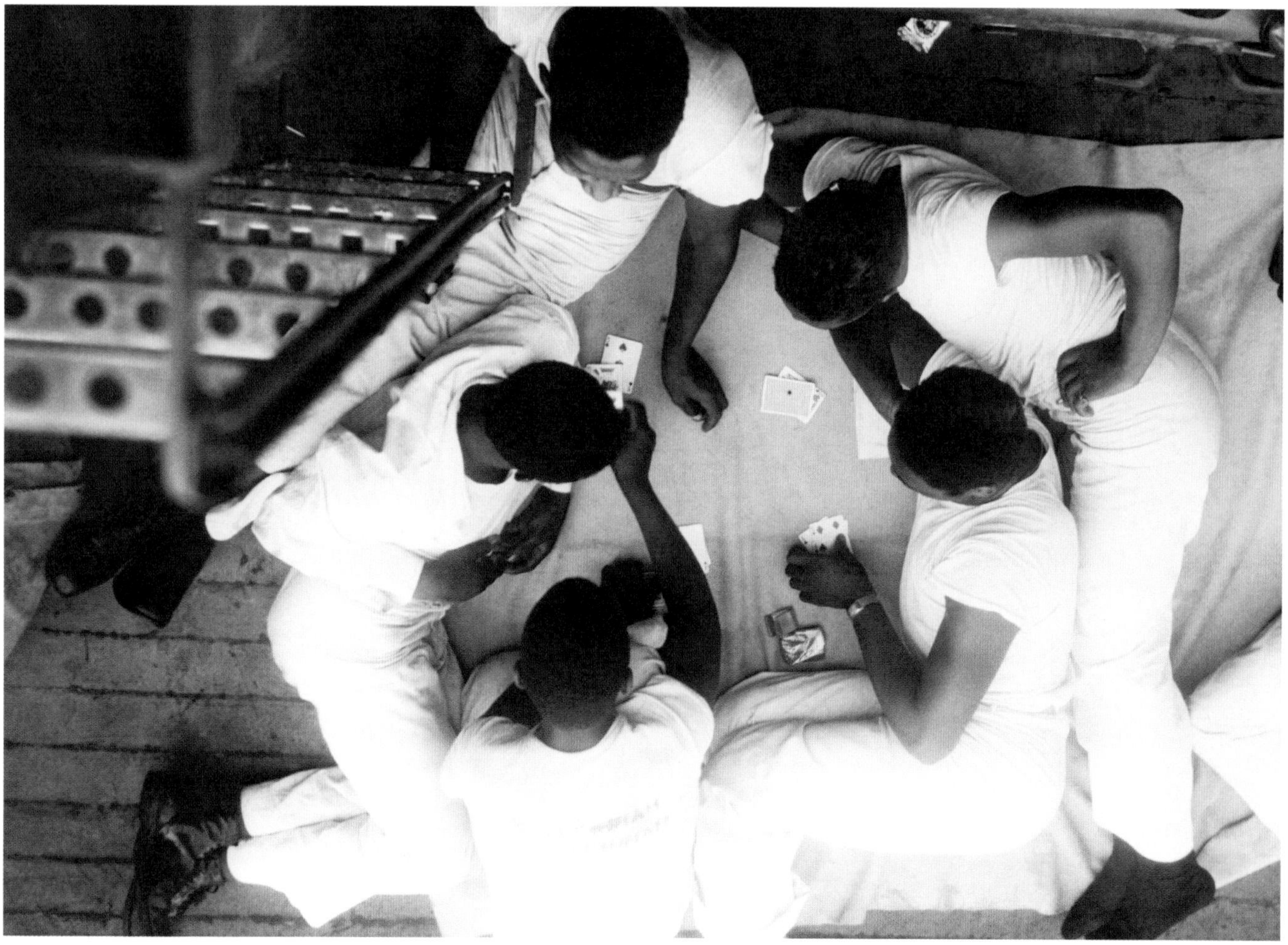

ADVERTISED IN
LIFE
TO 26,000,000
READERS
THE SUEDEKNIT* BY
HANES
YOUR BETTER CUSTOMERS WILL SEE
THE COLOR PAGES INSIDE
*Reg. U. S. Pat. Off.

tropicais, em especial para colônias britânicas no Extremo Oriente. Enquanto isso, um comerciante americano de tecidos, Jacob Goldfarb, vendia sob a marca Fruit of the Loom uma evolução de uma peça do tipo camiseta que ele fabricava desde 1910. Quando soldados britânicos e americanos se encontraram nas trincheiras, nasceu a ideia de combinar um tecido de algodão com mangas curtas. Outro importante fabricante de camisetas, Hanes, criador da Beefy T, entrou no mercado por volta de 1930. Foi a primeira empresa a produzir camisetas para fins promocionais - especificamente para o lançamento de *O mágico de Oz*, em 1939.

A popularidade da camiseta simples cresceu na esteira da entrada dos Estados Unidos na Segunda Guerra Mundial: um anúncio da Sears, Roebuck & Co. proclamava: "Você não precisa estar no exército para ter sua própria camiseta", sugerindo que a peça se tornava uma indicação de heroísmo ou masculinidade. Mesmo assim, usar camiseta sem nada por cima não era socialmente aceitável até o pós-guerra, quando a resistência do público foi vencida pela imagem de soldados em ação e despreocupados com o recato. Em julho de 1942, seis meses após o bombardeio de Pearl Harbor, a capa da revista *Life* exibiu um recruta da Escola de Artilharia do Corpo Aéreo vestido com uma camiseta estampada na frente com o nome da instituição. A camiseta branca só se tornou parte oficial do uniforme do Exército dos Estados Unidos depois da guerra e mais tarde foi tingida de cáqui para ficar menos visível ao fogo inimigo.

Na metade da década de 1950, a camiseta havia se transformado no emblema do novo adolescente e da rebeldia rock'n'roll. Foi usada encharcada de suor e sexualmente magnética por Marlon Brando em *Um bonde chamado desejo* (1951) e sob a jaqueta de couro do cara durão em *O selvagem* (1953); e como o uniforme *cool* de James Dean e do trompetista de jazz Chet Baker.

Página ao lado: A camiseta Suedeknit foi um dos modelos mais vendidos da Hanes depois da Segunda Guerra Mundial. Logo ela se tornou um produto de homens e mulheres comuns. "Nas férias, papai e mamãe vão relaxar - numa Hanes Suedeknit Sports Shirts", lia-se numa propaganda em 1948. "Muito confortável - e você parece e se sente 'bem-vestido' para qualquer visita a um balneário." À direita: Outras propagandas tratavam a camiseta como uma roupa de baixo ideal.

CUECA SAMBA--CANÇÃO

ROUPA ÍNTIMA

Poucas rivalidades são tão fortes quanto entre a cueca samba-canção – a peça íntima mais clássica do vestuário masculino – e as cuecas com a frente em Y. A batalha resultou até em alegações sem comprovação científica de que o "suporte masculino", como disse certa vez a Jockey, criadora da frente em Y, era essencial para uma contagem saudável de espermatozoides, enquanto a oposição dizia que a regulação da temperatura em torno dos genitais com a samba-canção tinha também um efeito benéfico.

O impasse teve suas ironias. Os gostos podem mudar – a preferência pela frente em Y na década de 1970 sofreu uma mudança repentina em 1984, graças ao modelo da Levi's, Nick Kamen, que apareceu em uma cueca samba-canção branca para a campanha do jeans 501 no cinema. Mas várias pesquisas mostraram que, na virada do século XXI, cerca de dois a cada três homens preferem cueca de frente em Y à samba-canção – a preferência feminina é inversa.

De algodão, malha ou casimira, a samba-canção foi popular pela primeira vez pouco depois de 1926, quando Jacob Golomb fundou a Union Under-wear e, mais tarde, a marca esportiva Everlast. Ele forneceu aos boxeadores shorts novos, mais leves e confortáveis com cintura de elástico, em substituição às versões de cintura de couro usadas até então. Nos anos 1930, a crescente demanda por conforto promoveu uma corrida por versões dos shorts de boxeadores, que podiam ser usados como roupa íntima. Golomb os fabricou sob licença da Fruit of the Loom, que data de 1871 e é uma das marcas mais antigas dos Estados Unidos.

Além de fornecer alívio depois das pesadas roupas íntimas anteriores, em sua maioria de lã, a samba-canção também se tornou interessante para a indústria do vestuário pela variedade de tecidos e estampas em que era produzida. Algumas, como as de estampas "atômicas" da década de 1950 e os shorts menores do fim da década de 1980, eram indicadores de seu tempo; outras, como os calções de seda colorida populares nos Estados Unidos durante o início da década de 1930, eram consideradas capazes de dar ao homem um conforto para o sofrimento da Grande Depressão; havia um pouco de cor sob o exterior sombrio.

Página ao lado: Citado como o maior boxeador de todos os tempos, o campeão dos meio-médios de 1946 a 1950, Sugar Ray Robinson – com o boxeador Vince Foster –, veste o calção de boxe da Everlast. Abaixo, à direita: Calção estampado da Fruit of the Loom, novidade nos anos 1960.

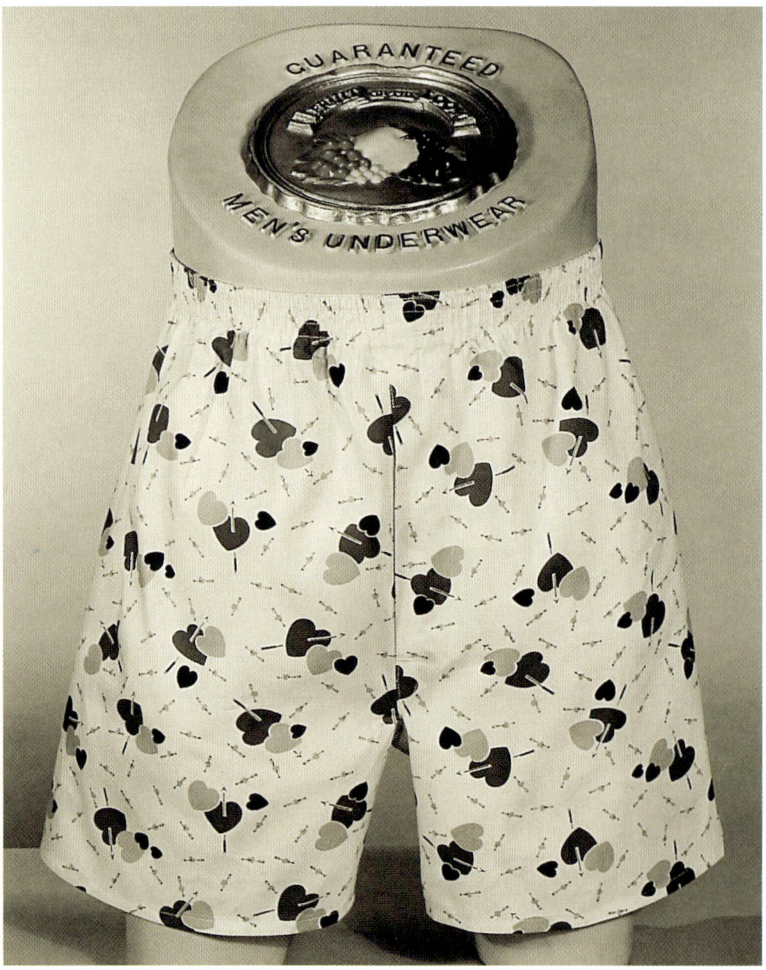

EVERLAST

Os primeiros calções eram, na verdade, versões cortadas e mais largas de ceroulas, ou *long johns*, que tinham esse nome por causa de John L. Sullivan, o boxeador americano popular durante a década de 1880. Modelos mais sofisticados tinham o benefício adicional do que ficou conhecido como assento balão - um painel de tecido extra na parte de trás do short que permitia movimento sem apertar o corpo. *Long johns* foram comuns nos Estados Unidos até a década de 1930, e no Reino Unido até 1947, quando John Hill, da marca britânica Sunspel, introduziu o calção depois de uma visita aos Estados Unidos. A rápida popularidade da peça pode ser atribuída aos soldados que estavam baseados na Inglaterra (e outros países) durante a Segunda Guerra: calções eram a norma.

Durante a guerra, quando calções com elástico na cintura e botões de pressão estavam no mercado havia um bom tempo, uma versão antiga com amarração lateral e botões era reintroduzida para economizar borracha e metal para o esforço de guerra. Esse era só um dos muitos acessórios que garantia ajuste confortável; outros eram a French Back, sem elástico e com uma série de botões e uma presilha ajustável. Os modelos também eram desenhados para proteger a modéstia do usuário, em especial a parte mais alta da braguilha, cortada em diagonal em relação à cintura. Mas os homens sempre deram muita importância à necessidade de fácil acesso para que a abertura da braguilha fosse uma nova ideia. Ela data da Renascença, quando uma abertura com botão ou fita para amarrar era cortada nas bragas - uma roupa íntima de comprimento na altura da panturrilha usada pelos homens desde o século XIII.

Página ao lado: Nick Kamen se despe na propaganda da Levi's de 1984. Abaixo: A cueca samba-canção deu ao homem a oportunidade de explorar várias estampas, cores e materiais que eram menos aceitáveis em roupas de uso social.

5.
ALFAIATARIA

TERNO SOB MEDIDA / SMOKING / PALETÓ SACO / BLAZER / TERNO PRONTO / PALETÓ DE TWEED

TERNO SOB MEDIDA

ALFAIATARIA

Talvez nenhuma outra roupa represente melhor o apogeu do estilo masculino que o terno sob medida - feito à mão, do zero, para uma única pessoa; desenhado com o talento de um alfaiate para esconder pontos fracos da silhueta e realçar atributos, valorizando a masculinidade; e em cores sóbrias, que dão o máximo da formalidade. Diferente de outros ícones do guarda-roupa masculino, ele não teve origem em uma empresa nem foi criado para uma necessidade específica. O terno, como peça central do vestuário masculino, é resultado de evolução.

O rei inglês Carlos II passou a usar casaca, colete e culotes presos nos joelhos - a base do terno moderno - no fim do século XVII, tempo em que a guerra contra a Holanda havia esvaziado os cofres nacionais e a ordem era uma nova frugalidade. As roupas eram feitas de tecidos escuros combinados, e em razão disso os integrantes da corte de Carlos foram forçados a abandonar os ricos materiais e os acabamentos exuberantes da indumentária de qualquer homem com dinheiro para comprar roupas novas. Essa mudança foi mais radical do que pode parecer hoje; não só a aristocracia definia a moda, como as roupas eram uma expressão de status e riqueza. Vestir-se com cores escuras era vestir-se como as massas e foi, sem dúvida, o primeiro passo para a democratização do terno. Outro passo, já no século XVIII, foi adaptar roupas para tornar a montaria mais confortável ao encurtar o casaco e cortá-lo na parte frontal, dando ao conjunto um ajuste mais estreito, e usar lã quente para a confecção; desabotoado e com a gola virada, o último botão prefigurava as lapelas do paletó.

O dândi inglês George "Beau" Brummell e sua preocupação fanática com o caimento de suas roupas (mais justas do que jamais haviam sido antes) aproximaram o terno ainda mais de sua aparência atual. Tal era a autoridade de Brummell com relação ao jeito correto de vestir na sociedade do início do século XIX - sem mencionar sua influência, graças à relação inconstante com seu amigo gordo, o príncipe regente, mais tarde Jorge IV - que em 1824 Beethoven se queixava da falta de um casaco preto para usar na estreia de sua *Nona sinfonia* em Viena. A influência de Brummell durante as primeiras duas décadas do século XIX

Página ao lado: Clark Gable em uma foto publicitária do fim dos anos 1930; as lapelas pontudas do paletó e a calça de cintura alta são características do período. A corte de Carlos II introduziu paletós masculinos que abotoavam da direita para a esquerda - o que permitia a um homem destro desabotoar ou abotoar o paletó com a mão esquerda, deixando a direita livre para a espada. O rei também introduziu a combinação de calça e paletó escuros. A guerra com a Holanda esvaziou os cofres, e uma nova era de frugalidade era necessária. À direita: Momentos de passarela para Hardy Amies, o alfaiate da rua Savile Row.

também originou ternos que eram "feitos sob medida", levando em conta tanto a silhueta quanto o gosto de cada pessoa. Influenciado por esportes do campo e pelas necessidades dos militares, o terno como é conhecido hoje se estabeleceu de verdade no século XX.

Embora a alfaiataria sob medida não seja britânica em essência, e talvez tenha suas origens na França medieval - *tailor*, "alfaiate" em inglês, deriva de *tailler* ("cortar" [em francês]) -, foi a área de Savile Row em Londres que se tornou reconhecida como seu lar espiritual: os japoneses tiraram sua palavra para terno, *sabburu*, do nome da rua. Era lá que os grandes e bons mandavam fazer seus ternos. A confecção do primeiro era um rito de passagem, com uma dúzia ou mais de medidas pessoais, a discussão do tecido, do corte e dos detalhes, a criação de um molde e as diversas provas necessárias para a criação do produto final. Lá, nomes como Anderson & Sheppard, Gieves & Hawkes, Henry Poole e Huntsman & Sons estão entre os mais antigos e estimados - com, recentemente, outros mais determinantes como Tommy Nutter, Hardy Amies e Douglas Hayward.

Historicamente, a velha guarda protege mais a tradição. Por exemplo, dois produtos da década de 1930 - a calça com cinto e o zíper de calça - foram considerados radicais demais por muita gente. Os tradicionalistas achavam que o cinto arruinava o caimento da calça. E só o lorde Louis Mountbatten com sua predileção pelo zíper levou à adoção relutante do fecho.

Os períodos pré e pós-Segunda Guerra viram os primeiros ternos prontos para usar de alta qualidade disponíveis em uma escala massiva, com a alfaiataria sob medida cada vez mais restrita à elite. Na virada do século XXI, porém, a Savile Row havia adotado uma abordagem mais comercial e favorável ao cliente. Várias empresas novas, tão atentas ao mercado quanto a corte e costura, abriram suas lojas e deram à alfaiataria sob medida um novo tempo de vida mais moderno e acessível, especialmente diante da maior casualidade do vestuário masculino.

Página ao lado: Hardy Amies, o impecavelmente vestido alfaiate da rua Savile Row e costureiro de Elizabeth II. A alfaiataria chegou a esse endereço em Londres graças a Robert Baker, que estabeleceu a primeira alfaiataria no fim do século XVI próximo à Piccadilly - cujo nome deriva de *pickadil*, uma gola de camisa da era elisabetana. Abaixo: A arte do alfaiate - o melhor corte é tanto instinto quanto precisão.

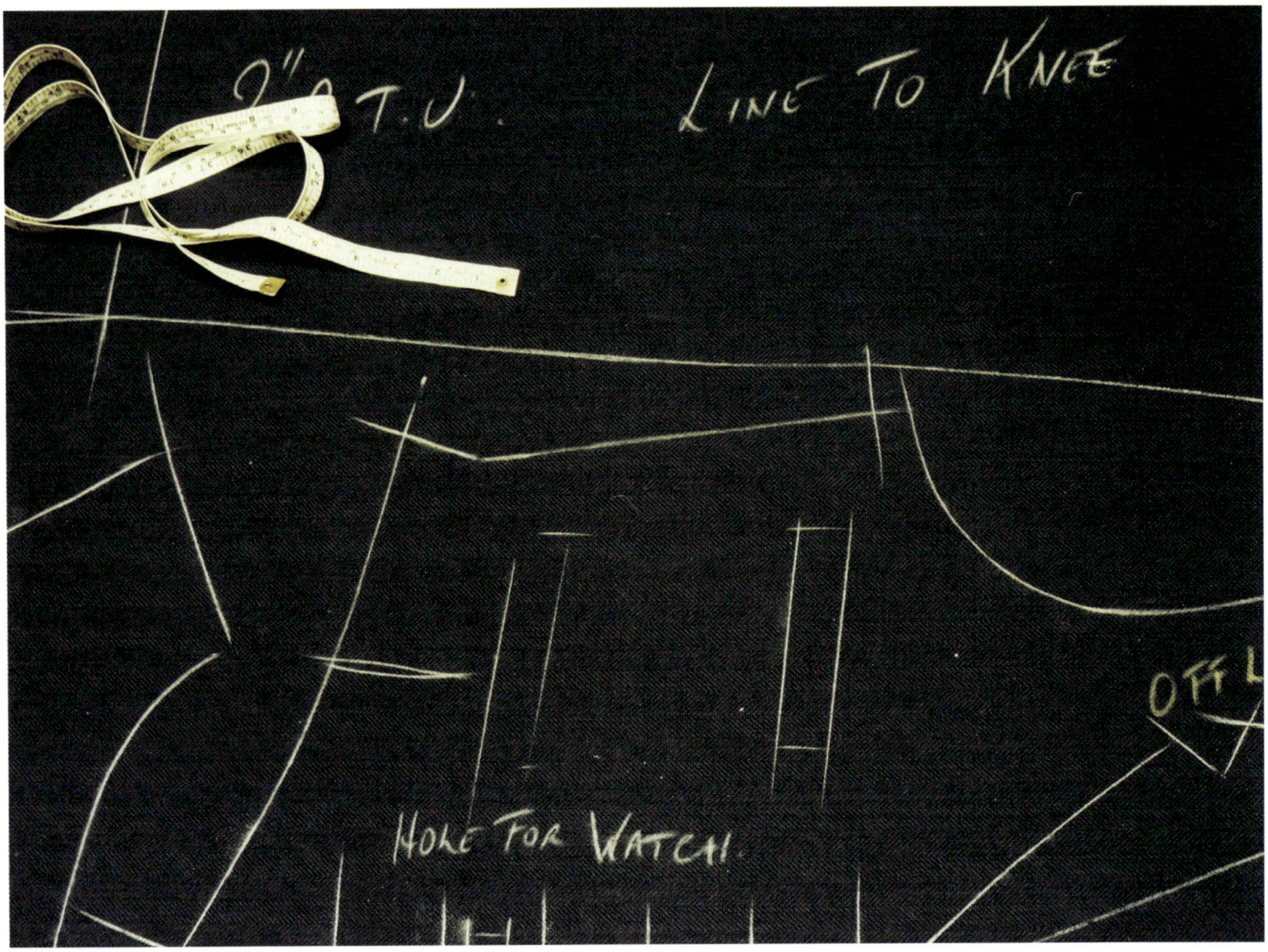

SMOKING

ALFAIATARIA

O smoking é um clássico no guarda-roupa masculino: peça específica, porém desenhada mais para efeito do que para função; caro, mas raramente usado; muito elegante e amado por Lotharios e James Bond, confere pouca oportunidade para a expressão pessoal. Evoluiu devagar desde sua chegada na metade do século XIX, mas hoje o smoking é muito parecido com o que era então: um paletó ajustado com bolsos de fenda, fechamento com um botão e – seu traço mais característico – gola-xale revestida com seda, veludo ou gorgorão. Ou, desde o começo do século XX, um paletó mais militar, com lapelas pontudas, combinando com a calça, camisa branca de colarinho quebrado e gravata-borboleta.

Já foi sugerido que o hábito de vestir-se para o jantar surgiu porque cavalheiros da classe alta, cujas roupas se sujavam nas atividades em suas propriedades, precisavam trocá-las. Influenciado pelo amor do guarda-roupa masculino pelo preto – desde a rejeição de Beau Brummell aos enfeites, passando pela praticidade vitoriana e pela contenção protestante –, o traje para jantar foi uma adaptação do uniforme militar, criado na cor da noite. A camisa branca era engomada e usada com gravata-borboleta e colete também brancos, com paletó de lapela de seda ou casaca com abas (como as usadas para cavalgar) e calças com costura trançada. Chamado "traje completo", ele é usado hoje em ocasiões bem formais.

Um "paletó de jantar" mais curto infiltrou-se nos eventos noturnos, via paletó do smoking, e finalmente evoluiu para uma nova e mais relaxada versão do traje completo. O filho mais velho da rainha Vitória, o futuro Eduardo VII, adotou o visual em 1860 e garantiu seu lugar na sociedade elegante. Em 1886, o milionário de Nova York e corretor de café James Brown Potter o imitou e apresentou o modelo aos integrantes do Tuxedo Park, um clube de campo privado para nova-iorquinos ricos – de onde o paletó de smoking (também chamado de traje de noite ou black tie) tirou seu nome mais informal em inglês: *tuxedo*.

Enquanto os elitistas preferem a expressão *dinner jacket*, *tuxedo* era usado normalmente nos Estados Unidos. Na Europa, o paletó se tornou conhecido como

Página ao lado: Fred Astaire pode ser o mais famoso adepto da cartola e casaca, mas Sean Connery como James Bond deve ser o mais famoso a usar o clássico traje de jantar, ou smoking. Aqui ele exibe a pose recriada no pôster de *Moscou contra 007* (1963). Abaixo: Bob Hope, à direita, de black tie. Mais abaixo: Cary Grant, à esquerda, de gravata branca, ao lado de sua esposa, Virginia Cherrill, e Randolph Scott. À direita: O smoking é a roupa mais glamorosa do guarda-roupa de um homem, uma relação da qual publicitários tentam se beneficiar com frequência.

Monte Carlo - talvez por ser usado nos famosos cassinos de Mônaco - ou, em especial na França, *le smoking*, refletindo a conexão histórica com o paletó de smoking original.

Qualquer que fosse o nome, nos anos 1920, o paletó de smoking havia democratizado o traje de noite, tanto que casacas de abas raramente eram usadas, e o modelo era adequado para a maioria dos eventos. Sua adoção pelo príncipe Eduardo, formador de opinião internacional e futuro duque de Windsor, garantiu sua ampla aceitação como roupa de jantar. O príncipe acrescentou toques pessoais, mais notavelmente o uso do tecido azul-escuro, em vez de preto, e um colete de piquê branco frente única - um babador preso "nos bastidores" por duas tiras.

Mudanças posteriores no modelo eliminaram o colete da década de 1930 (a faixa na cintura, embora considerada um truque, às vezes ocupava o lugar do colete), além da adoção da Marcella, uma camisa de frente semirrígida ou pregueada (com colarinho virado e punhos no mesmo piquê do colete) e de tecidos mais leves. Variações como paletós de abotoamento duplo, paletós brancos para clima mais quente e acessórios de cores combinadas são mais um modismo do que algo apropriadamente formal.

Mais tarde foram feitas tentativas para introduzir um elemento de moda e, talvez, personalizar algo que sempre esteve sob regras rígidas de obediência à etiqueta. Os anos 1950 e 1960 viram paletós em cores fortes, tecidos com estampas e texturas - lapelas revestidas de seda preservavam alguma formalidade - e experiências com gravatas como a *continental crossover*, uma tira de seda cujas pontas se cruzavam sobrepostas e eram presas por um botão, onde deveria estar o nó. A moda dos anos 1970 incluía desde floreios eduardianos vistosos até paletós estilo Nehru. Pequenos colarinhos quebrados e acessórios vermelhos apareceram nos anos 1990, e os anos 2000 foram a era das lapelas chanfradas e do chamado black tie criativo. Porém, o modelo dos anos 1930 continua definindo o clássico e mais legítimo black tie.

Abaixo: Um smoking Huntsman com paletó de abotoamento duplo e gola-xale - uma das muitas combinações experimentadas pelo smoking. Página ao lado: O paletó de smoking de lapela pontuda da década de 1930 foi, inegavelmente, a melhor de todas as variações.

Riley

PALETÓ SACO

ALFAIATARIA

Página ao lado: Gregory Peck sendo medido em *Homem do terno cinzento*, de 1956. Abaixo: O modelo do paletó saco da Brooks Brothers foi um afastamento radical da alfaiataria tradicional da época, sugerindo uma empresa que sabia que até a indumentária masculina precisava evoluir. "Se fôssemos totalmente conservadores, teríamos morrido", disse um executivo da Brooks Brothers na década de 1950.

A virada do século XX assistiu a um desenvolvimento radical no vestuário masculino. A maioria das roupas masculinas era feita sob medida ou encomendada; a ideia de poder entrar em uma loja com uma carteira e sair com uma peça pronta era muito arrojada e distante da norma. A Brooks Brothers atribuiu boa parte de seu sucesso inicial à ênfase, então inovadora, na roupa pronta - ela usava seus tecidos e operava oficinas próprias.

Fabricar roupas prontas para usar significava que a companhia se tornava a estilista, passando a tomar decisões sobre vestir e estilo pelo cliente, e, por consequência, tornava-se uma definidora de moda, moldando o visual da sociedade. Talvez o mais profundo exemplo disso tenha sido o impacto sobre a alfaiataria. Até 1900 os homens tinham seus ternos - firmes, resistentes e de ajuste preciso - feitos para eles. Mas nesse ano a Brooks Brothers lançou seu "paletó saco" Número Um. O nome pouco lisonjeiro era preciso: Brooks levou à alfaiataria as roupas largas que eram usadas pelo homem comum por algumas décadas. O terno tinha uma construção mais suave, ombros "naturais" sem enchimento, um confortável paletó de quatro botões (o de três botões seria lançado em 1918) com uma fenda central atrás e uma casa de botão na lapela esquerda, usado com calça reta e solta.

Foi, de certo modo, o primeiro caso de desconstrução. Roupas mais casuais e confortáveis eram uma escolha de moda, em vez de indicar indiferença no vestir. O terno foi muito imitado e definiu o estilo básico para o vestuário masculino americano, e para as roupas de trabalho em particular, pelas cinco décadas seguintes, ao menos; o protagonista de *Homem do terno cinzento* (1956), no qual o personagem de Gregory Peck representa o anonimato da vida no escritório e da América corporativa, usava um modelo sem dúvida baseado no paletó saco. Como é também o característico terno da moda italiana do fim dos anos 1970 e começo dos anos 1980, quando se dizia que Giorgio Armani estava (re)libertando os homens da austera alfaiataria tradicional. Por mais prosaico que possa parecer o modelo do terno saco hoje, ele alargou fronteiras quando foi lançado, menos como moda descartável - algo a que Brooks Brothers se opunha - e mais como um jeito progressista e funcional de vestir.

Quando Brooks se afastou do corte do paletó saco Número Um, foi por desespero. Durante a Grande Depressão, tentando aumentar as vendas, a empresa havia exibido o terno com etiqueta de preço nas vitrines como um totem do que mais tarde seria chamada de sua marca de identidade; o que foi então visto como marketing agressivo escandalizou seus clientes, e os ternos logo foram removidos. Mais tarde, nos anos 1930, em outro esforço para incentivar as compras, Brooks apresentou o terno Número Dois, com cintura afinada e ombros largos com enchimento. Um crítico da época o chamou de "uma concessão medonha aos tempos difíceis". De maneira reveladora, quando os negócios melhoraram, a empresa logo modificou o modelo de acordo com as linhas do Número Um.

Como escreveu a revista *The New Yorker* em 1938, o paletó saco é "a verdadeira marca registrada da Brooks Brothers. Atualizado uma vez por ano, mais ou menos, ainda assim não mudou sua essência em meio século. O paletó tem sido copiado de vez em quando por outros alfaiates, mas o verdadeiro fã da Brooks insiste nos ombros naturais, na dobra característica das lapelas, nas linhas retas, no caimento geral descontraído do modelo". E a referência ao estilo relaxado foi um elogio. O paletó saco, como prosseguiu o artigo, "continua sendo uma filosofia de vestir".

BLAZER

ALFAIATARIA

Página ao lado: Jorge V em uniforme naval completo, a forma ajustada do blazer e os botões polidos conferem uma pretensão que não existia em outros uniformes. Essa é a essência de seu apelo quando é usado na vida civil, algo que os filmes de James Bond da era Roger Moore refletiam.

O blazer há muito tempo parecia combinar mais com a gravata formal e uma certa altivez. Era o tipo de alfaiataria meio formal usada a bordo de iates e em partidas de polo, como o paletó de respeitabilidade usado por David Niven em *Morte sobre o Nilo* (1978) ou pelo agente James Bond em *007 contra o homem com a pistola de ouro* (1974), mais do que o usado pelo decadente personagem representado por Humphrey Bogart em *Paixões em fúria* (1948).

Embora o blazer seja combinado de maneira típica com calças chino e mocassins para uma elegância casual, ele tem suas origens no disciplinado ambiente da Marinha Real. Antes da introdução da norma de vestuário azul e branco para todos os servidores, não era incomum o capitão decidir o visual do uniforme de sua tripulação. Na metade do século XIX, esse arranjo livre permitiu ao capitão Wilmott do *HMS Harlequin* pagar para seus homens vestirem fantasias de arlequim e ao capitão do *HMS Vernon* ordenar que seus homens usassem casacas de sarja vermelha; quando o estoque acabou, só a tripulação de bombordo usava vermelho, e o estibordo todo usava azul-marinho. Assim, em 1837, quando o capitão do *HMS Blazer* soube que a nova rainha, Vitória, inspecionaria o navio, ele preparou sua tripulação fazendo-a usar suéteres de marinheiro listrados em azul e branco e paletó azul-marinho, um modelo mais curto, de abotoamento duplo, estilo marinheiro.

Essa é uma história, e o blazer azul-marinho de abotoamento duplo com abertura lateral se tornou parte da moda náutica inspirada pelo poder naval e pela construção do império britânico no século XIX. Há uma linhagem clara traçada até os paletós do *HMS Blazer*: a jaqueta de aspirante se tornou um modelo mais longo com seis botões dourados, usado como parte do uniforme de um oficial. O chamado paletó monkey, com oito botões, é semelhante àquele e regimentos do exército adotaram o modelo para uso em eventos civis. A outra história é que o estilo se originou dos paletós dos integrantes do Lady Margaret Boat Club do St. John's College, em Cambridge - eram de um vermelho de arder os olhos, sugerindo que quem os vestia estava pegando fogo, motivo pelo qual eram chamados de blazers ["blaze" quer dizer "chama", "labareda" em inglês].

O modelo ficou conhecido como um casaco de navegação e, depois, para esportes, como tênis e críquete, em um tempo em que os uniformes dos jogadores eram menos específicos que hoje e mais limitados por regras de vestuário. Nesse contexto, os blazers foram novidade tanto quanto o uso de cores para diferenciar os companheiros de time dos adversários: embora o tradicional blazer de abotoamento duplo todo azul seja agora o padrão, versões com abotoamento simples, listras ou cores nas lapelas e nos punhos já foram comuns no Reino Unido.

O modelo tornou-se parte do uniforme completo das escolas públicas britânicas na era eduardiana, com distintivo ou brasão no bolso do peito e um quepe ou chapéu de palha combinando. "Os paletós de flanela listrada, sob o conhecido nome de 'blazer', de cores brilhantes e criados para o rio e o golfe, são usados hoje em quase todas as ocasiões por garotas e rapazes", relatou um comentarista no *Lady's World* em 1887. Os blazers eram um marco de excelência esportiva ou acadêmica, ou de associação a uma instituição respeitada de ensino superior. Talvez a associação com certas elites seja o motivo para terem sido adotados pelos mods dos anos 1960: músicos de bandas como The Who, The Kinks, The Yardbirds e The Animals, entre outras importantes da época, vestiam-se mais como se estivessem prontos para comparecer à Regata Henley, não para subir no palco.

Acima: Anúncio da Burton's Town and Country do início dos anos 1970, quando a ideia de se vestir de um jeito diferente para cenários urbanos e rurais ainda prevalecia.

TERNO PRONTO

ALFAIATARIA

"Para seu alfaiate nenhum homem é um herói", pregava um anúncio de jornal do início da década de 1950, acompanhado pela ilustração de um homem vestindo terno de dois botões com colete. "Estatísticas gerais dos registros de Montague Burton Ltd, a maior organização de alfaiataria do mundo, fornecem essa imagem do homem mediano. Sua estatura é 1,75 m, e ele tem uma leve tendência para ombros arredondados. Tem 96,5 cm de tórax e 89 cm de cintura. Seus braços medem 81 cm de comprimento, e as pernas têm 78 cm (medida interna)..."

A companhia de Montague Burton, mais tarde conhecida apenas como Burton's e ainda sólida, esteve entre as primeiras a oferecer ao homem mediano o tipo de alfaiataria que antes só estava disponível para os ricos. Se alfaiates modelavam sob medida e cobravam de acordo com isso, Burton fazia ternos que escondiam a maioria das falhas e custavam bem menos. Na verdade, ele ajudou a democratizar o terno e abriu caminho para as versões atuais dos prontos para usar.

Essa era sua missão quando, em 1903, aos 18 anos de idade e com cem libras emprestadas, ele abriu a Cross-Tailoring Company em Chesterfield, Inglaterra, com a promessa de que os homens poderiam trocar suas roupas de trabalho de algodão ou fustão ou suas roupas usadas por um terno feito sob medida oferecido a preço acessível, e num estilo novo que era adequado na cidade e no campo, para o trabalho na fábrica ou no escritório.

Ele cumpriu a promessa adotando políticas de contratação que eram radicalmente humanistas: salários justos, direitos dos trabalhadores e condições progressistas de trabalho, inclusive a primeira fábrica da Europa a ter ar-condicionado e o maior refeitório. Ele também dividiu o trabalho de alfaiataria para que o consumidor pudesse ter um terno feito a partir do zero em 24 horas e instituiu a integração vertical. Então uma ideia revolucionária, isso significava controlar o processo de produção desde a tecelagem até a fabricação e vendas e eliminava lucros que ficariam nas mãos das companhias intermediárias.

Abaixo: Catálogos da Burton's dos anos 1940 e 1950 mostram variedade de modelos mesmo no início da produção em massa de alfaiataria – o que Burton chamou de "alfaiataria múltipla". Ele se opunha ao que denominava "monotonia de estilo – onde estariam a indústria automobilística e o ramo das cortinas se os modelos dos anos 1920 ainda estivessem na moda? Métodos modernos de alfaiataria (significam) que os homens podem pagar por mais modelos e variedade de roupas, o que tende a desenvolver uma corrida de homens bem-vestidos. E o cidadão impecável é um benefício para a comunidade".

Durante a Primeira Guerra, cerca de 25% dos soldados britânicos usavam uniformes da companhia Burton's. Isso deu à empresa a base financeira para uma grande expansão, de forma que em 1928 ela era composta por cerca de 400 lojas, fábricas e tecelagens pelo Reino Unido e servia a todo o império britânico. Em seu livro *Ideals in industry* (1925), Burton disse que a guerra, aliada a uma revisão geral da sociedade, havia sido a origem do terno moderno: estilos diferentes em termos regionais e profissionais "sofreram uma mudança rápida e radical".

Com o tempo, os ternos de Burton se tornaram parte da trama social do britanismo, também por serem muito duráveis. Cada tecido e modelo passava por testes rigorosos, incluindo fricção, simulação de tempestades, exposição à luz do sol e encharcamento do forro da manga com uma solução que foi descrita em *Ideals in industry* como "equivalente àquela da transpiração, produzida por um homem comum depois de passar 145 minutos em uma atmosfera quente".

Quando a Segunda Guerra terminou, Burton forneceu roupas a todos os homens em serviço, inclusive um terno de três peças, para o retorno à vida civil. Esse terno *demob* (de desmobilização) foi apelidado "o Monty completo" - e se tornaria a gíria para "a coisa toda" ou "tudo que é desejado ou necessário". Em 1950, um em cada cinco homens no Reino Unido usava um terno Burton todos os dias, e em 1966 a companhia forneceu os ternos da seleção de futebol da Inglaterra, campeã da Copa do Mundo naquele ano. Graças ao pioneirismo de Burton, a alfaiataria pronta para usar era uma realidade difundida.

Página ao lado e abaixo: Mais páginas dos primeiros catálogos da Burton's. A companhia pretendia oferecer ternos por um preço que Burton sugeria ser metade do que seria o seu valor real. Isso foi possível pelo controle completo do processo de produção. Como a companhia anunciou, "vários lucros intermediários foram eliminados, e esses rendimentos, com toda a economia e todos os benefícios possibilitados pela Maior Organização de Alfaiataria no Mundo, são repassados a você". "Um dos milagres da minha época foi feito por Montague Burton", disse o próprio em seu livro *Tailoring of taste*, de 1939. "Todo homem pode agora ter a satisfação de estar bem-vestido graças ao que essa grande firma fez."

"Laird" Scotch Tweed Plus-Four Suit possesses a rugged strength in wear and a proved loyalty in service like a trusted friend faithful in all weathers. If you are hard on your clothes, here's your choice . . And you'll wonder that so much beauty of pattern, so much delicacy of style can be combined with rigour of service. As smart as it is sturdy, as delightful as it is durable . . . as popular as its price

5 GUINEA VALUE
PLUS FOUR SUIT
TO MEASURE FOR 55/-

Page 18

PALETÓ DE TWEED

ALFAIATARIA

Página ao lado: Jimmy Stewart numa atitude descontraída em uma foto de publicidade feita em estúdio. Diferentes estados da Escócia tinham diferentes cores e padrões de tweed, mas a gama de tons das variantes mais típicas é a da área rural britânica: musgo, urze-roxa e casca de árvore.

O paletó de tweed de dois botões é uma peça britânica em essência - e contraditória. Rústico ao toque, ele é elegante apesar do aparente desleixo. Ele sugere o cenário da casa de campo da classe alta, mas foi adotado pelos radicais dos anos 1950; é adequado para ir a quase todos os lugares e resistente para ser usado no meio do barro. O paletó de tweed é o príncipe Charles carregando uma espingarda - e Woody Allen usando veludo cotelê gasto.

O tweed é a história por trás do paletó. Foi feito primeiro na Escócia e é o nome genérico para um tecido de lã salpicado que era cardado e fiado à mão, tecido, depois esticado e seco antes de ser cortado e costurado. À prova de rasgo e naturalmente repelente à água, suas versões mais grossas podem pesar até 800 gramas. Apareceu primeiro nas matizes discretas das Highlands: marrons e verdes pálidos, azuis, variações de cinza e tons de couro que se misturavam ao terreno como uma forma inicial de camuflagem. O velho tweed tem um cheiro peculiar criado pelos corantes de líquen, conhecidos como *crottle,* usados para criar as pintas características.

O tecido original era uma sarja, conhecida na Escócia como *tweel*. De acordo com uma história talvez apócrifa, ele recebeu o nome pelo qual é hoje conhecido por volta de 1830, dado por um mercador de Londres que leu errado o *tweel* em uma carta que recebeu de uma tecelagem escocesa e presumiu que tweed era uma marca cujo nome se referia ao rio Tweed, que corta o que era o coração da região de manufatura têxtil nas fronteiras escocesas. O tecido foi então anunciado como tweed, e uma indústria cresceu da demanda ao sul da fronteira. A produção chegou ao seu ponto máximo na metade dos anos 1960, quando o fazendeiro no campo, o cavalheiro em seu clube e jovens professores nas novas universidades britânicas usavam paletós de tweed.

Alguns aspiravam ser o rei dos tweeds: o tweed Harris ou *clo mhor* (o grande tecido) em gaélico. A marca Harris abrangeu em uma época mais de 8 mil padrões diferentes (graças à introdução de teares mais avançados durante a década de 1920). É o termo geral para o tweed feito com lã local, que hoje é fiada e tingida em máquinas, mas ainda é tecida à mão por ilhéus em suas casas nas ilhas escocesas de Harris, Lewis e Barra nas Hébridas Exteriores.

Os tweeds Harris foram vendidos pela primeira vez para lady Catherine Herbert, viúva de Alexander, sexto conde de Dunmore e dono da propriedade North Harris. Em 1846, ela encomendou a tecelões de Harris uma cópia do xadrez escocês para confeccionar paletós destinados aos seus guardas de caça. O detalhe e as cores do tecido impressionaram seus amigos nobres donos de terras, e ele virou moda até no círculo da corte da rainha Vitória. O tecido e, em particular, o paletó de tweed passaram a definir o que um cavalheiro usava no campo e também foram fundamentais para o vestuário masculino semirrural.

Em 1909, o autêntico tweed Harris recebeu um selo de certificação que o definia como "um tweed fiado à mão, tecido à mão e tingido pelos arrendatários e caseiros nas Hébridas Exteriores". Isso conferiu o tipo de *appellation contrôlée* destinada a coisas como champanhe e conhaque e foi um gesto prudente: durante os anos 1930 uma tentativa dos tecelões do continente escocês para imitar o tecido resultou em um processo civil. O tweed Harris ganhou, e sua proveniência foi protegida. Mais tarde, mudanças na lei permitiram que o tecido fosse feito com lã de qualquer parte do mundo. Porém, embora a sorte do tweed Harris tenha flutuado, o apelo do velho mundo do paletó de tweed ainda é o mesmo.

6.

CAMISAS E SUÉTERES

CAMISA / MOLETOM / CAMISA ABOTOADA / SUÉTER GUERNSEY / CAMISA HAVAIANA / CAMISA POLO / CAMISA DE LENHADOR / CAMISETA BRETÃO / CARDIGÃ

CAMISA

CAMISAS E SUÉTERES

Página ao lado: John Lennon, com uma camisa de colarinho típico do fim dos anos 1960. Abaixo: A camisa proporciona a oportunidade de usar listras e estampas de um jeito que poucos tipos de roupa permitem – algo com que o alfaiate Gieves, de Londres, brincou em seus catálogos.

Um passeio pela Jermyn Street em Londres pode acabar com as dúvidas sobre o papel da camisa social clássica no guarda-roupa masculino. Embora outras cidades, como Veneza, possam ter um longo histórico em camisaria, essa única rua é o epicentro do ramo. Batizada com o nome de Henry Jermyn (1604-1684), primeiro conde de St. Albans, responsável por grande parte do desenvolvimento de West End em Londres como meca do varejo e dos negócios, é um ímã para os camiseiros da elite que, por gerações, definiram as características da camisa de qualidade: entre elas, a pala dividida e as múltiplas pregas onde a manga se junta ao punho. No fim do século XIX, poucos outros ramos eram representados nessa rua.

Embora a camisa tenha se tornado fundamental no vestuário social e mais tarde, em suas formas mais suaves, também no vestuário casual, seu começo foi menos auspicioso. A camisa surgiu durante a Idade Média como roupa íntima, a primeira camada contra a pele, razão pela qual camisas brancas passaram a ser tão valorizadas: sugeriam que um homem tinha status e riqueza suficientes para poder usar roupa limpa todos os dias, o que era necessário, considerando a higiene limitada da época. Usar uma camisa impecável era visto como substituto aceitável para a limpeza corporal. Tão valorizadas eram as camisas, de linho ou de seda, que eram oferecidas como um presente de prestígio e faziam parte dos dotes de casamento.

Até o começo do século XX só os ricos trocavam suas camisas regularmente. Antes, apesar de a primeira camisa abotoada na frente ter sido registrada por Brown, Davies & Co., alfaiates de Londres, em 1871, a camisa era vestida pela cabeça e longa o bastante para servir de camisola. A camisa sem colarinho, inventada em 1827 por Hannah Montague, uma dona de casa que estava cansada de esfregar a marca de sujeira do colarinho do marido, foi muito usada até os anos 1930; colarinho e punhos limpos podiam ser presos à camisa todos os dias, enquanto o corpo da peça, em geral em cores e estampas marcantes, era usado várias vezes sem ser lavado. Um colarinho branco limpo indicava o status da nova classe emergente de empregados de escritórios, ou "colarinhos brancos".

A camisa era vista inicialmente como roupa íntima, por isso a ênfase era no colarinho, parte mais visível, e seus adornos, como gravatas e laços. Durante a Guerra dos Trinta Anos na Europa (1618-48), quando cabelos mais curtos para homens entraram na moda, o colarinho foi de um extremo ao outro, do pequeno e chato estilo francês ao que as cortes italianas da época chamavam de *giorgiera*, que era criado com incríveis 11 metros de tecido.

Sem esses excessos, as camisas ofereceram oportunidades para expressão pessoal até o século XX: camiseiros como Cluett, Peabody & Co. nos Estados Unidos, a empresa por trás da pioneira marca de camisas Arrow, ofereciam regularmente o mesmo corpo de camisa com talvez trinta variações de modelos de colarinho - muito mais do que as variedades hoje disponíveis no comércio especializado, como o italiano, o curto, o de alfinete, o pontudo, o cortado e o abotoado.

De fato, no século XX, os modelos de colarinho ficaram cada vez mais sujeitos à moda: em 1900, qualquer homem de respeito usava um colarinho alto, um muro de 7,5 cm de linho rígido engomado, capaz de machucar o queixo se o usuário virasse a cabeça depressa demais. Outras mudanças na camisa foram respostas aos avanços no estilo de vida. Os primeiros bolsos de camisa, por exemplo, foram introduzidos na década de 1960. Quando o aquecimento central em casas e escritórios se tornou mais disseminado, ocorreu a morte do que era então o traje típico masculino de colete ou terno de três peças, e um bolso de camisa tornou-se útil. O que perdurou foi a posição central da camisa no guarda-roupa masculino moderno: de colarinho duro, ela se mantém a essência do vestuário social e elegante.

Página ao lado: Brooks Brothers, criadores de um dos modelos mais marcantes de camisa: a de colarinho abotoado, aqui em um catálogo dos anos 1970. Abaixo: Nem mesmo uma camisa desabotoada no colarinho, como em geral se usa hoje, era aceitável durante boa parte da história dessa peça. Outrora considerada roupa íntima, revelar muito dela era um tabu, desafiado por lorde Byron e os poetas românticos e reconhecido pela etiqueta do vestuário moderno, que reza que um cavalheiro mantenha o paletó, a menos que seja convidado a tirá-lo.

BROOKSGATE

Brooksgate shirts are made exclusively for us from a pattern with the trimmer lines that many young men prefer. We offer them in collar sizes 14 to 16½, long sleeves 32 to 35.

A. Long sleeve, button-down collar cotton oxford shirt in blue, white, yellow, pink or ecru. H296, **$22** ($2.45). As above, of polyester-and-cotton in white, blue, pink or yellow. H310, **$21** ($2.45). Yellow silk foulard neckwear. H479, **$12.50** ($1.85).

B. Candy striped cotton oxford shirt with button-down collar and long sleeves. Wine or blue on white. H309, **$22** ($2.45). As above, of polyester-and-cotton. H297, **$21** ($2.45). Wine silk foulard neckwear. H477, **$12.50** ($1.85).

C. Tattersall shirt of cotton-and-polyester has long sleeves and button-down collar. Red-blue or green-blue on white. H386, **$22** ($2.45). Knit neckwear of wool-and-mohair in yellow, forest green, burgundy, navy, camel or blue mix. H487, **$10** ($1.85).

D. Solid color cotton broadcloth Brooksgate shirts with plain point collar and long sleeves. Blue or white. H393, **$22** ($2.45). Dark red silk foulard neckwear. H470; or navy, H476. **$12.50** ($1.85).

30

MOLETOM

CAMISAS E SUÉTERES

É uma das roupas mais inócuas do guarda-roupa masculino, fabricada em massa como a camiseta ou o jeans, mas sem a credibilidade rock 'n' roll dos dois. Porém, quando Steve McQueen, como o "rei do estilo *cool*" em *Fugindo do inferno* (1963), usou um sob a jaqueta aviador A2 e, mais tarde, durante a tentativa de fuga em uma moto, o humilde moletom ganhou um toque de charme. De fato, embora o filme seja ambientado na Segunda Guerra, foi mais ou menos na época de seu lançamento que o moletom fez sua transição de roupa estritamente esportiva para peça casual. Antes de o estilo universitário *preppy* adotá-lo, antes de Virgil Hilts, e muito antes da década de 1980, quando a moda se apoderou dele, o moletom era só uma solução para um problema.

No começo dos anos 1920, esportistas usavam um suéter de lã tricotado, em geral cinza, para se manterem aquecidos antes e depois do treinamento. Era necessário lavá-lo com regularidade, mas o material podia encolher e demorava a secar. No fim da década, isso mudou. O primeiro exemplo do que hoje é visto como um moletom - um pulôver simples, largo e sem colarinho, de algodão grosso e macio (então cinza) - foi produzido em 1902 pela Russell, companhia de Benjamin Russel de roupa íntima para mulheres e crianças. O negócio era sólido, mas o pensamento de uma nova geração inspirou novos produtos: por volta de 1922, o filho de Benjamin, Bennie, bom jogador de futebol americano na Universidade do Alabama, sugeriu que a parte de cima do macacão feminino fabricado pela companhia devia ser modificada para criar camisas para ele e seu time.

Até então os uniformes de futebol eram roupas pesadas de lã, pouco práticos e desconfortáveis. O novo produto - simples, comum, mas familiar e que, como o jeans, a calça cáqui e a jaqueta de couro, parecia melhorar com a idade - foi um grande sucesso, embora um empregado da Russell o tenha batizado, com precisão, de *sweatshirt* [camisa suada]. Russell despachou o primeiro lote para seu distribuidor na Filadélfia, que mandou as peças para quatro times locais

Página ao lado: Ator e mais tarde presidente dos EUA, Ronald Reagan em pose atlética. À direita: John Steinbeck, escritor americano, em sua casa em Sag Harbor, Long Island.

de futebol. Todos foram vendidos imediatamente. Seguiram-se as vendas para jogadores de beisebol, além dos de futebol, e para atletas, e o moletom tornou-se onipresente entre esportistas profissionais e amadores. Dez anos depois a Russell havia criado uma nova divisão, Russell Athletic, só para cuidar do negócio de moletons – que acabou substituindo a linha de roupas íntimas.

Um segundo desdobramento na criação do moletom aumentou seu potencial. Em 1919, os irmãos Abe e Bill Feinbloom estabeleceram a Knickerbocker Knitting Company – operando sob o nome Champion – e pouco depois patentearam um processo de flocagem que permitia que letras em alto-relevo fossem estampadas no tecido. O peso e a espessura do tecido do moletom o tornavam ideal para esse tipo de estampa. No começo da década de 1930, o moletom não era mais só uma peça funcional, mas uma roupa que indicava associação a um time de colégio, declarava a torcida por ele, promovia uma companhia ou exibia um lema.

A Champion logo viu como o tecido do moletom podia ser usado para outras roupas esportivas. Ela foi a primeira a criar uma jaqueta de moletom com zíper e capuz, usada originalmente por jogadores de futebol sobre o uniforme e como peça de proteção quando estavam no banco. A companhia também desenvolveu o primeiro moletom de tecido invertido: a trama corria em sentido horizontal ao corpo, em vez de vertical a ele, o que significava que pequenos encolhimentos não afetavam o comprimento, independentemente de quantas vezes a roupa suada fosse lavada. A máquina na qual esses moletons eram feitos era conhecida como *loopwheel*. Era lenta e ineficiente pelos padrões modernos de manufatura, mas esse problema era minimizado quando o fio era tecido, criando uma peça de melhor qualidade. As máquinas *loopwheel* deixaram de ser usadas nos anos 1950, mas as peças que produziam são muito procuradas por colecionadores de roupas.

Página ao lado: Buster Keaton com seu jeito brincalhão em *Paixões em Nova York* (1931). Abaixo: Integrantes da equipe americana de remo que ganhou a medalha de ouro na Olimpíada de Berlim em 1936. Dominando o mercado de acessórios esportivos no ramo de moletons havia a Russell Athletic e a Champion, esta criadora tanto de um processo de flocagem que permitia a impressão de letras no tecido, vista nas fotos aqui, como do moletom invertido, uma garantia de que o comprimento não encolheria.

HARMONY
HALL

CAMISA ABOTOADA

CAMISAS E SUÉTERES

O vestuário masculino tem o hábito de pegar ideias de confecção fora de contexto e fazê-las dar certo. A camisa abotoada é um exemplo dessa transição. Começou em um campo de polo da Inglaterra em 1896, onde um dos espectadores era John Brooks, neto do fundador da Brooks Brothers – sem dúvida o nome mais famoso e influente das roupas masculinas americanas. Os jogadores de polo da época seguiam regras severas de vestuário e cavalgavam vestindo camisas formais, com uma importante modificação: botões foram pregados para manter o colarinho fixo ao corpo da camisa e impedi-lo de voar no rosto do cavaleiro.

Era um modelo corriqueiro, mas que, Brooks percebeu, tinha potencial. A camisa abotoada Brooks Brothers era feita inicialmente de tecido Oxford branco, logo depois em rosa e mais tarde em várias cores e listras, e se tornou símbolo americano de juventude e vitalidade. Foi um enorme sucesso quando posta à venda por volta de 1900 como "a camisa polo original" e ainda é muito vendida. Sua introdução não só trouxe um elemento mais casual ao vestuário masculino como também mudou a natureza das camisas nos Estados Unidos. Até então elas eram usadas com colarinhos avulsos, duros, que eram fixados e podiam ser removidos e lavados com facilidade.

A camisa abotoada era mais confortável, mais livre e quase de vanguarda e, em 1915, com o paletó saco Número Um da Brooks Brothers, fazia parte da vida dos universitários ricos, em especial nas instituições educacionais da Costa Leste dos Estados Unidos, Harvard e Yale. Winthrop Brooks, presidente da Brooks Brothers de 1935 a 1946 e herdeiro da empresa, era membro da Whiffenpoofs, o grupo de canto a capela de Yale, e costumava se vestir de Brooks Brothers da cabeça aos pés. F. Scott Fitzgerald usou a camisa em uma época em que ela ainda era considerada uma escolha ousada.

Nos anos que antecederam a Segunda Guerra Mundial, a camisa abotoada, com moletons universitários, cardigãs, mocassins e calças cáqui, era parte essencial do uniforme *preppy* elegante, porém informal, de estudantes e adultos. Ela também sugeria o status da classe alta: nos romances de John O'Hara, por exemplo, entre eles *Appointment in Samarra*, os maus vestiam roupas berrantes, e os bons e ricos, Brooks, inclusive a elegante abotoada. A camisa também passou a representar um certo conservadorismo: no conto de Mary McCarthy "The man in the Brooks Brothers shirt", as roupas simbolizam as ambições de um angustiado executivo da indústria do aço – vestido com uma camisa abotoada – contrastando com as usadas por aqueles que amavam as artes.

O que talvez selou o status da camisa como ícone do vestuário masculino foi a celebridade. Clark Gable, superastro de Hollywood, pode ter matado o colete – depois de tirar a camisa para exibir o peito nu em *Aconteceu naquela noite* (1934), as vendas de coletes despencaram –, mas ajudou a fazer a fama da camisa abotoada. Com seu peito de 112 centímetros e cintura de 81 centímetros, ele geralmente não ficava bem na maioria das roupas prontas para usar da época – com exceção da camisa abotoada da Brooks Brothers. Ele se tornou fã vitalício e fonte de promoção que dinheiro nenhum podia comprar. Tyrone Power mais tarde usou a camisa em *O fio da navalha* (1946); Fred Astaire, em *Cinderela em Paris* (1957); e Cary Grant, em *Intriga internacional* (1959).

Como nos filmes, também na indústria e na arte. O chefe supremo da Fiat, Gianni Agnelli, popularizou o modelo na Europa e usava suas abotoadas favoritas em azul, branco ou cru com estilo característico: relógio sobre o punho e botões do colarinho desabotoados. Andy Warhol só usava a camisa branca.

Página ao lado: F. Scott Fitzgerald usa uma camisa abotoada Brooks Brothers. O modelo era feito inicialmente em tecido Oxford branco chamado karnak, como a cidade egípcia onde linho da mesma cor foi encontrado em tumbas antigas. A Brooks Brothers encontrou seu tecido Oxford em um fabricante escocês, D & J Anderson, em 1875. A camisa abotoada também era a camisa polo original, vestida pelos jogadores de polo até ser substituída pelo modelo esporte de colarinho mole cujo pioneiro foi René Lacoste e que hoje é conhecida por seu sobrenome.

"Agora uso um suéter e um cinto na cintura / Sou o mestre dos pelotões que esquentam o asfalto", como diz a canção folclórica gaélica "Hot asphalt". Mas o suéter guernsey sempre foi mais uma roupa de marinheiro do que de operário. Pescadores tinham, em geral, dois guernseys: um para trabalhar, que quase nunca era lavado e ficava encharcado de óleos protetores, o outro, para ir à igreja aos domingos. O suéter é tricotado sem relevo para ser usado dos dois lados, o que permite ser vestido às pressas e ainda ficar confortável; também pode ser virado ao avesso se certas áreas, como a dos cotovelos, precisarem de conserto.

SUÉTER GUERNSEY

CAMISAS E SUÉTERES

O suéter guernsey pode ser a roupa inalterada mais antiga no guarda-roupa masculino. Ele data do século XVI e do reinado de Elizabeth I, quando, pela primeira vez, a navegação inglesa operou em escala oceânica e o comércio internacional cresceu. A necessidade de proteger os marinheiros resultou em um suéter criado para eles, na indústria caseira de Guernsey, uma das ilhas do Canal na Inglaterra, e em outras comunidades costeiras. Tão arraigado era o suéter como parte da imagem do navegador, e tão bem-sucedido o desenho, que 200 anos depois Horatio Nelson, almirante da frota inglesa, ordenou que ele fosse destinado à tripulação da Marinha Real.

O modelo também é conhecido como *gansey*, palavra de um dialeto da ilha, hoje morto, que também é usado em culturas gaélicas para o suéter tricotado à mão. Mas o guernsey não é um *gansey* qualquer. É uma peça característica que, por tradição, é longa e justa para proporcionar o máximo de calor; é tricotado em ponto apertado com lã pesada e oleada de cinco camadas - conhecida popularmente como aço de marinheiro - para proteger até contra a chuva. Um colarinho reto, ligeiramente elevado, mais alto que uma gola careca, também é característico, como as mangas, que ficam um pouco acima dos punhos para continuarem secas durante o trabalho e não enroscarem no equipamento.

O suéter é reto e tubular, sem costuras laterais, e o padrão, se houver, é idêntico na frente e nas costas, de forma que um guernsey pode ser usado de qualquer lado. Diferentemente da maioria dos suéteres, é tricotado de cima para baixo; o ponto permite que os braços ou a parte inferior do corpo sejam removidos e substituídos. Guernseys antigos podem mostrar que vários tons de lã complementares, mas não idênticos, foram usados ao longo dos anos.

Embora os suéteres guernsey clássicos sejam simples, quando há a incorporação de padrões, eles têm uma função, e uma delas é proporcionar isolamento adicional. Muitos deles têm referências marítimas, sejam cordas, escadas, âncoras, redes, ossos de arenque, as ondas ou o clima, e no passado havia emblemas de filiação a comunidades pesqueiras. Pequenas variações pessoais em um padrão, ou a sutil incorporação de iniciais, podiam ser usadas para identificar um tripulante, caso ele caísse do barco e o corpo demorasse a ser resgatado. Há também padrões simbólicos, como as "linhas de casamento" em zigue-zague típicas de Filey, na costa noroeste da Inglaterra, que supostamente refletem os bons e maus períodos em um relacionamento.

Comunidades de pesca no Reino Unido são mais isoladas que comunidades do interior, e, apesar da industrialização gradual do tricô, um grau de autossuficiência era inevitável. Os suéteres guernsey continuaram sendo feitos em casa no século XX por uma questão de orgulho da comunidade. Padrões, memorizados em vez de serem escritos, eram passados de mãe para filha, e cada geração acrescentava seus toques. Cada suéter tricotado à mão tornava-se um trabalho de arte ou artesanato local e permanece um pedaço da história do vestuário masculino - e um equipamento essencial para qualquer lobo do mar digno de seu ganho.

CAMISA HAVAIANA

CAMISAS E SUÉTERES

A camisa havaiana é o palhaço do guarda-roupa masculino. Se os homens estiveram em grande parte restritos a linhas severas e cores sóbrias desde os tempos georgianos, essa peça de destaque permanece como último bastião de cor, padrão e excesso. Para marcas como Kahala, que se tornou o exemplo do estilo contemporâneo, ela é uma espécie de tela, e as camisas são tão interessantes emolduradas quanto vestidas. As melhores peças antigas são obras-primas de detalhes, desde a estamparia manual em até vinte cores, e os bolsos combinados e colarinhos mais longos dos primeiros modelos, até botões tradicionalmente entalhados em coco (vinte botões por coco). As camisas, que datam da década de 1920, também estiveram na vanguarda da inovação têxtil – as mais valorizadas são sedosas, feitas de raiom fiado a frio ou, depois de 1953, de Dacron, uma versão inicial de poliéster.

Para algumas pessoas, a camisa havaiana é um cartão-postal de vestir, para outras, uma expressão de positividade. Para o povo do Havaí, ela é motivo de orgulho cultural. Poucos itens do guarda-roupa masculino, talvez com exceção do Stetson e da gola Nehru, passaram a ser associados com tanta firmeza a um lugar: a camisa havaiana, às vezes chamada de camisa Aloha, é símbolo mundial do 50º estado dos Estados Unidos.

Na década de 1930, ela havia se tornado símbolo de férias e era usada por todos os astros do cinema em folga, de John Barrymore a Al Jonson, de Douglas Fairbanks a Ronald Colman. Com chapéu e cachimbo, a camisa passou a definir o visual de Bing Crosby (especialmente nos *road movies* que ele fez com Bob Hope). Era favorita do bem-sucedido Peter Lawford, e Montgomery Clift fez dela parte do figurino em *A um passo da eternidade* (1953). Os presidentes Eisenhower e Truman usavam camisas havaianas nos fins de semana.

A origem da camisa ainda é um mistério. Dizem que a primeira foi feita por um marinheiro japonês no Havaí com o tecido de um quimono, ou ainda que ela deriva das camisas usadas para fora naturais das Filipinas (*barong tagalog*).

Página ao lado: Tom Selleck em *Magnum* (1980-88), motorista de uma Ferrari Testarossa, com bigode e fiel à sua ilha, com camisa havaiana. A primeira referência às camisas foi feita cerca de 60 anos antes, em 1927, quando Gordon Young criou confusão usando uma na Universidade de Washington. Abaixo e à direita: © 1956-2009 Tori Richard, Ltd. Todos os direitos reservados.

Outros acham que ela migrou do Taiti, onde imagens de hibiscos, frutas-pão e outras plantas exóticas eram estampadas em tecido desde muito antes. A camisa ocidental foi introduzida no Havaí pelo capitão Cook no fim do século XVIII (de forma meio desleal, considerando que foi trocada por um valioso manto real do rei Kalaniopuu). Mais tarde, missionários ensinaram os ilhéus a costurar, de forma que pudessem cobrir sua nudez. E, finalmente, chineses e japoneses que trabalhavam no Havaí, em plantações de cana-de-açúcar e abacaxi, introduziram não só seda estampada e tecidos tradicionais como também a arte da alfaiataria. Em resumo, a história conspirou cerca de 150 anos mais tarde para colocar em Elvis uma brilhante roupa de estampa turquesa e de bananas em *Feitiço havaiano* (1961).

A camisa havaiana - expressão criada por Ellery J. Chun, alfaiate e comerciante de tecidos que a fabricou em 1927 para impulsionar as vendas, com a Camisa Aloha registrada nove anos depois - desfrutou uma ininterrupta proeminência na história cultural do Havaí desde que ela encantou tripulações navais dos Estados Unidos e grandes figuras de Hollywood nos anos 1930. Tal era o encanto da camisa que em uma década Honolulu teve 275 alfaiates, e nasceram as grandes marcas de camisa havaiana: Royal Hawaiian Manufacturing Co., Haw Togs, Holo-Holo, Malihiwi Sportswear e Kamehemeha Garment Co. entre elas.

Em 1947, empregados das prefeituras do Havaí obtiveram permissão para usar camisas havaianas no trabalho, e em 1948 a quarta-feira Aloha, uma precursora da sexta-feira casual, foi introduzida em todas as ilhas. Duke Kahanamoku - pai do surfe e mais famoso filho do Havaí - foi levado à ilha para promover as camisas. Em 1958, sua fabricação era a terceira maior indústria da ilha, com muitos de seus habitantes trabalhando duro para fazê-las. Eles não seguiam o conselho de Duke Kahanamoku, estampado em um anúncio das camisas da década de 1950: "Hoomanau Nui" (Vá com calma).

Página ao lado e à direita: Camisas de Tori Richard, Honolulu. Um dos grandes nomes do Havaí em camisas de estampas grandes desde 1956, a marca tem modelos com padrões inspirados na natureza, na vida da ilha e com desenhos mais geométricos. As roupas dos primeiros habitantes do Havaí eram berrantes; tecidos de *barkwood* eram tingidos com o suco de noz-da-índia para criar tons de vermelho e amarelo-ocre. © 1956-2009 Tori Richard, Ltd. Todos os direitos reservados.

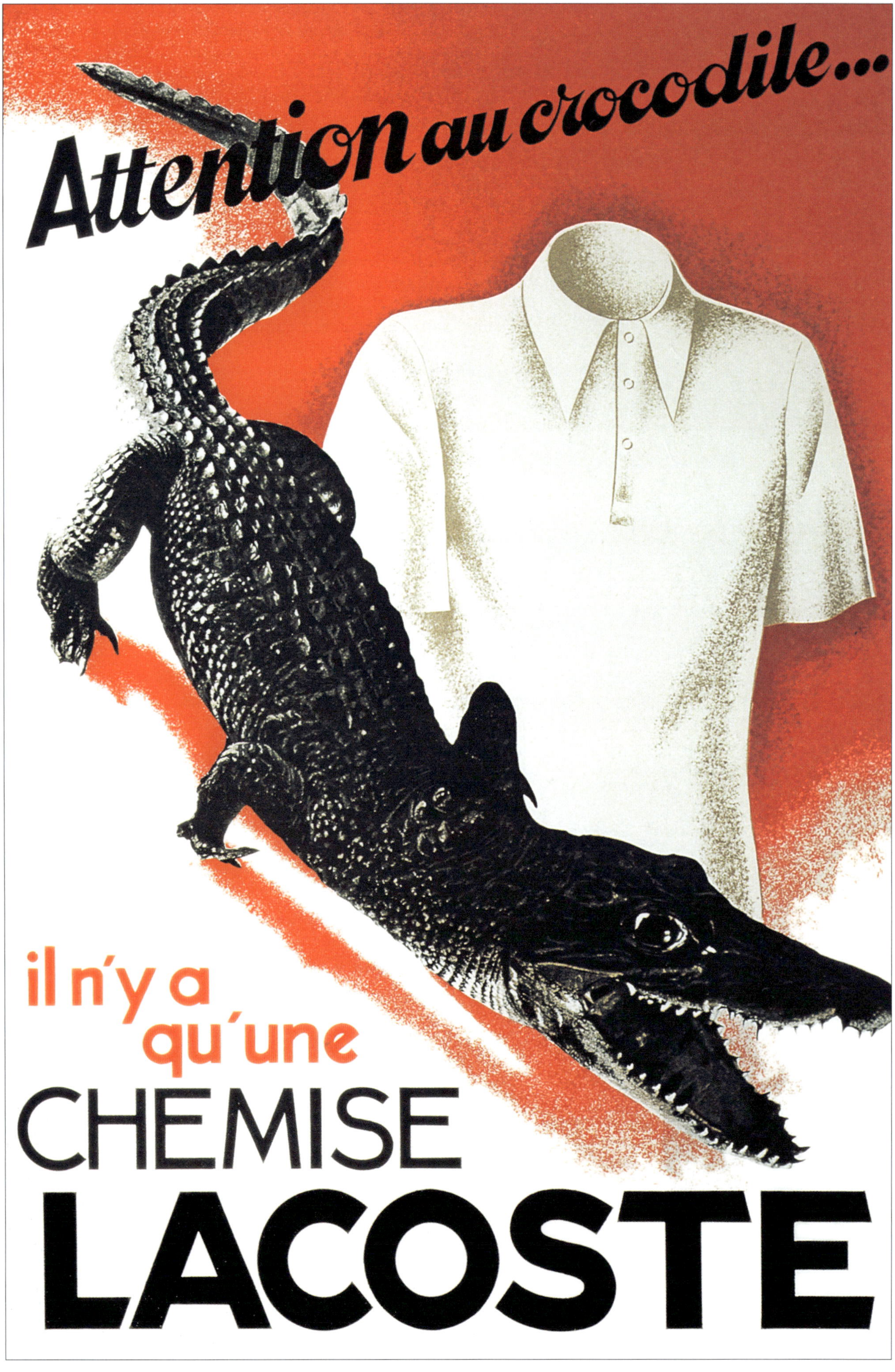
Attention au crocodile...
il n'y a
qu'une
CHEMISE
LACOSTE

CAMISA POLO

CAMISAS E SUÉTERES

Tudo começou com uma aposta para incentivar o capitão da equipe francesa da Taça Davis a levar seu time à vitória - cujo prêmio seria um jogo de malas de couro de crocodilo - e terminou com um dos logos mais falsificados de roupas masculinas: um pequeno jacaré. O logo ofuscaria os triunfos esportivos do homem por trás dele, René Lacoste, ganhador de sete títulos do Grand Slam. E ofuscaria suas contribuições ao desenho da raquete de tênis, inclusive a primeira de aço e o primeiro amortecedor de impacto. De fato, o logotipo - desenhado pelo artista Robert George depois de "o jacaré" se tornar um apelido para o melhor do tênis - tornou-se mais conhecido do que tudo que ele simboliza, com exceção, talvez, de um item: a camisa polo de piquê.

Antes de Lacoste, o tênis profissional era um esporte de regras rígidas de vestuário: mulheres vestiam blusas e saias longas; homens usavam calças de flanela e camisas de mangas compridas, que eram enroladas. Isto é, até Lacoste usar uma camisa de manga curta de um algodão leve e poroso conhecido como jérsei petit piquê, com colarinho sem engomar - macio, mas rígido o bastante para ser levantado e proteger a nuca do sol - e carcela de três botões. Os modelos originais tinham um recorte mais comprido nas costas, conhecido como cauda de tênis, para impedir que a camisa saísse de dentro da calça.

A camisa polo - como passou a ser mais conhecida depois de ter sido adotada por jogadores de polo, que também eram oprimidos por camisas pesadas - estreou no campeonato masculino dos Estados Unidos em 1927. É discutível quanto do sucesso de Lacoste na quadra pode ser atribuído a essa roupa inovadora, mas o conforto da camisa polo levou Lacoste a criar um negócio. Ele se uniu ao empresário do ramo de malhas Andre Gillier em 1933, e a camisa, conhecida como a 12-12, passou a ser produzida comercialmente. No começo, era feita só em branco, hoje pode ser encontrada em todas as cores.

Como acontece com muitos ícones do vestuário masculino derivados de roupas esportivas, o design prático logo fez a camisa polo ser usada fora das quadras de tênis ou do campo de jogo. Por causa do colarinho, era uma alternativa for-

À direita: René Lacoste, cocriador da camisa polo. No começo, o modelo era produzido apenas em branco - o propósito de sua criação era ser uma camisa de tênis.

O DJ Norman Jaye (abaixo) e o músico Paul Weller (abaixo à esquerda), na época o líder da banda The Jam, demonstram o modo correto de usar a camisa polo – toda abotoada e com o colarinho dobrado para baixo (diferente da variante elitista com o colarinho levantado). Ao contrário da imagem pública dos skinheads (abaixo, à direita), seus uniformes tinham imensos detalhes de confecção.

mal para a camiseta. Atravessou fronteiras sociais e, ao longo das décadas, passou a representar classes sociais diferentes, fossem a dos garotos do hip-hop europeu nos subúrbios de Paris, os mods britânicos, os skatistas da Costa Oeste americana ou os estudantes ricos de Long Island, Nova York.

Outras marcas seguiram a Lacoste com sua própria visão da camisa polo e ganharam seguidores. O britânico Fred Perry pertencia ao mesmo ambiente de Lacoste, ganhou oito títulos do Grand Slam e foi o primeiro do mundo por cinco anos. Com sua aposentadoria no fim dos anos 1940, ele foi procurado pelo empresário Tibby Wegner, que tinha a ideia de um dispositivo antitranspirante para ser usado no pulso; algumas modificações feitas por Perry resultaram na munhequeira. Wegner também sugeriu uma camisa polo bordada com o logo do louro da vitória de Perry, baseado em um velho louro do Campeonato de Wimbledon. Também só disponível em branco no início, ela foi lançada em Wimbledon em 1952. No fim da década, era um símbolo mod e, mais tarde, tornou-se um elemento-chave nos uniformes dos skinheads e northern souls.

Há pouco tempo, Ralph Lauren desenvolveu sua marca de polo. Com o logo bordado de jogador de polo, a camisa faz referência ao esporte equestre mais que ao tênis e transforma a polo em camisa emblemática de um estilo de vida elitista e abastado.

Acima: A grande partida de polo: Lacoste contra Perry.
À direita: O próprio Perry em ação.

CAMISA DE LENHADOR

CAMISAS E SUÉTERES

Em 1963, a banda The Majorettes lançou o single "White Levi's, tennis shoes, surfin' hat and big plaid Pendleton shirt" [Levi's branca, tênis, chapéu de surfista e camisa Pendleton larga e xadrez], que, além de ser um bom exemplo de banda feminina atuando como verdadeiras *stylists*, refletia a medida com que a camisa Pendleton havia se enraizado na cultura americana. A canção chegou ao primeiro lugar.

O começo dos anos 1960 assistiu a banda The Pendletones, cujo visual - uma camisa Pendleton pesada de inverno usada como jaqueta, aberta sobre camiseta branca e jeans - criou um novo uniforme universitário. Com o tempo, o grupo passou a ser associado à camisa havaiana e se tornou mais conhecido como The Beach Boys. Não há muita demanda por camisa de lã na Califórnia, mas surfistas da época às vezes usavam uma camisa xadrez para se agasalhar quando saíam das ondas, e a peça foi apelidada de "camisa de prancha".

A Pendleton continuou encontrando ressonância no mundo da música com o advento do grunge na década de 1990, que, como a camisa, surgiu no noroeste dos Estados Unidos (especialmente em Seattle). Basicamente o mesmo uniforme juvenil, porém de uma forma mais desmazelada, nervosa, não moda e adquirido em brechó, refletindo uma música mais sombria, contracultural.

Pendleton é a marca de referência em camisas de lã, mas elas foram estabelecidas antes de a marca ser lançada na primeira década do século XX. As primeiras camisas eram produtos funcionais, simples e, em geral, cinza. Padrões acentuados de xadrez, agora associados ao trabalhador arquetípico - operários da construção ou, mais rústico, o lenhador -, foram contribuição da Pendleton. Usada sobre uma camiseta de flanela vermelha, a camisa estabelece o estilo rústico e másculo para o trabalho ao ar livre e serve para relaxar quando chega o fim de semana.

Embora a camisa seja em essência americana, a empresa Pendleton deve suas origens a Thomas Kay, imigrante da Inglaterra. Em 1863, ele viajou para o novo estado americano de Oregon para se juntar à próspera indústria local da lã e,

Página ao lado: Rock Hudson de camisa de lenhador, contrariando sua habitual versão arrumada. Abaixo: The Pendletones, cujo nome foi tirado da camisa usada pelos integrantes da banda e que logo seria mudado para The Beach Boys.

EVERY PENDLETON OWNER
Wants Another Pendleton
East, West, North, South ...every Pendleton owner is eager for another PENDLETON...
LUCKY IS THE MAN who owns a Pendleton shirt. Luckier still, the man who owns several! There's a thrill and pride of possession . . . a keen joy in the wearing that only Pendleton owners seem to know. These splendid virgin wool shirts are so comfortable . . . so action-free . . . so perfectly tailored. The fabrics are soft, rich and rugged . . . all Pendleton-woven out here in the West. You'll find many patterns for fall, all distinctive and exclusively Pendleton. Slacks also by Pendleton.
Pendleton Woolen Mills, Portland 4, Ore.
Pendleton

Every Pendleton Owner wants another Pendleton
There's comfort and freedom and the luxury of soft rich wool in every Pendleton shirt. To own one is to want another. The fabrics are staunch and sturdy — all Pendleton-spun, dyed and woven — all virgin wool through and through. The patterns are original and exclusive with Pendleton.
SHIRTS ILLUSTRATED
Right McPherson Tartan $11.95
Below Booneville Scarlet $11.95
Famous Columbia River Gorge
ALWAYS VIRGIN WOOL
Pendleton®

ONE Pendleton CALLS FOR ANOTHER
It's the most natural thing in the world...this desire of every owner for another Pendleton shirt! The fabric richness, the comfort, the action-freedom ...some way only Pendleton achieves it.
Pendleton Slacks, too! The same superb tailoring, the same perfection of fit, the same 100% pure virgin wool.
Illustrated—
Left: Umatilla Overplaid $11.50
Below: Campbell Tartan $11.50
Indian Village at the Famous Pendleton Roundup
Pendleton

Depend on Pendleton for his Christmas gift
Wonderful to give...wonderful to receive! Featured for you and yours for the first time in the beautiful ancient and authentic Prince Charles Edward Stewart Tartan ...all Pendleton-dyed, spun and woven from the finest Pacific Northwest virgin wool.
Regular Shirt 13.95
Sport Shirt 13.95
Robe-in-a-Bag 17.95
Topster Jacket 17.50
Lounging Robe 25.00
Always Virgin Wool
Pendleton®

Staunch and sturdy fabrics—yet soft and luxurious! Many exclusive patterns—all Pendleton-dyed, spun and woven from the finest virgin wool—all in lifetime colors. Pendleton tailoring for perfect fit and comfort is traditional. Yes—there is only one Pendleton.
(Illustrated)
Shadow Block Plaid Sport Shirt . . . $13.95
There is only one Pendleton
Always virgin Wool

Wear one Pendleton and you'll want another
Men who like the outdoors like Pendleton shirts . . . their freedom and easy comfort . . . their richness of color, patterns and fabrics. All are virgin wool, through and through . . . all Pendleton-woven. Slacks by Pendleton have the same high quality standards of tailoring, workmanship and virgin wool fabrics.
ILLUSTRATED
(left) Wemyss Tartan $11.95
(right) Pendleton Maroon $9.95
Golf on Oregon's Evergreen Fairways
ALWAYS VIRGIN WOOL

em 1889, estabeleceu o próprio lanifício em Salem, Massachusetts. Em 1909, seus netos Clarence, Chauncey e Roy compraram uma tecelagem em Pendleton, Oregon, que enfrentava dificuldades depois do fracasso de uma empreitada para fornecer cobertores para nativos americanos. Os Bishops reergueram a empresa e, respondendo à preferência local por cores mais fortes e padrões jacquard, em vez dos xadrezes discretos e desenhos monocromáticos, fizeram dela um sucesso. Logo eles vendiam cobertores que tinham significado cerimonial e valor de mercado, para índios norte-americanos de todas as nações.

Três anos depois, eles deram o primeiro passo em direção à camisa de lenhador quando abriram outra tecelagem para produzir tecidos mais macios, inclusive lã virgem. Sua intenção era usar a mesma filosofia de criação dos cobertores em camisas de trabalho masculinas quentes, mas sem graça. Demorou um pouco até a ideia ser posta em prática, mas em 1924 a primeira camisa xadrez Pendleton de lã virgem ficou pronta; leve, quente e colorida, logo ela se tornou um sucesso, mesmo que só como uma moda. "Outra moda de inverno que se espalha como fogo é a camisa de lenhador", escreveu um correspondente para o jornal americano *Men's Fashion*, no começo de 1925. "Ela é, porém, apenas parecida com camisas de lenhador, já que as verdadeiras vendidas no norte do país são extremamente pesadas..."

Em cinco anos a Pendleton produzia uma linha completa de roupas esportivas para homens. A camisa de lã se tornou tão central no conceito de roupas masculinas de inverno que só em 1972 a empresa lançou roupas de verão. Até hoje a companhia é um negócio de família, com muitas de suas camisas feitas à mão para garantir a combinação cuidadosa de seus componentes altamente padronizados.

Página ao lado: A Pendleton se valia das associações da camisa de lenhador com os espaços ao ar livre, mesmo que a única atividade fosse passar ancinho na grama. A Pendleton foi fundada em uma área vasta no Oregon – as condições de lá eram ideais para criar carneiros, e suas águas mansas eram perfeitas para a produção de lã. **À direita:** A propaganda mais recente procura capturar a mesma aura de masculinidade.

CAMISETA BRETÃO

CAMISAS E SUÉTERES

Página ao lado: Marion Mitchell Morrison, conhecido como John Wayne, "o Duke", em estilo marinheiro para *Vendaval de paixões* (1942), em vez de seu habitual estilo caubói.

Um tipo de roupa pode falar de uma certa era ou sugerir certa pessoa. Mas poucas peças usadas ainda hoje em larga escala, como a bretão, forjam a percepção da identidade de uma nação específica e de como seus habitantes se vestem, embora de maneira estereotipada. Porém, da mesma forma que os macacões lederhosen são alemães e o chapéu-coco é inglês, a camiseta bretão é tão francesa quanto o camembert, mesmo que fosse o estilo típico de James Dean e Kurt Cobain, Andy Warhol e Pablo Picasso, e nenhum deles era francês.

Pelo menos dois franceses famosos, Jean Paul Gaultier e Jean-Paul Sartre, adotaram o modelo. O primeiro para brincar com a ideia do espírito francês com os fotógrafos Pierre et Gilles (depois fez dele sua marca registrada); o último ajudou a associar o bretão à angústia contracultural e existencial pós-guerra na medida em que a peça era percebida como uma roupa tradicional ou quase nacional. Quando a figurinista Edith Head criou o personagem de Cary Grant, um líder da Resistência que se torna um ladrão elegante em *Ladrão de casaca* (1955), de Alfred Hitchcock, ela o vestiu com uma camiseta bretão.

Gabrielle "Coco" Chanel, que se apropriou tanto do guarda-roupa masculino esportivo quanto daquele do trabalhador braçal, havia tornado famosa a camisa de malha azul, listras brancas e gola canoa quase três décadas antes como peça do guarda-roupa feminino. Dizem que ela se inspirou em pescadores que trabalhavam em Deauville, na costa francesa. Mulheres como Jean Seberg e Audrey Hepburn a incorporaram a seu estilo. Mas a blusa, apesar das ocasionais inclinações femininas, não poderia ser mais masculina. A *marinière*, como os franceses a chamam, foi criada por um ato do governo francês em 27 de março de 1858 como parte do uniforme oficial da marinha francesa. A marinha russa também adotou a peça.

Pescadores na região da Bretanha, no noroeste da França, havia muito tempo usavam as versões quentes e largas da blusa, com mangas em comprimento três-quartos e, de acordo com o Musée de la Marine da França, com 22 listras azuis e brancas - em parte por orgulho regional, e em parte porque as listras tornavam mais fácil enxergar alguém que caía do navio. O bretão não foi a única peça prática da indumentária naval que foi assimilada pela moda e adotada como chique, em vez de subversiva, como muitas roupas do exército: outras foram a blusa marinheiro (um pulôver de lona leve e azul com decote V), calça boca de sino (que podia ser enrolada com facilidade para a limpeza do convés), lenço amarrado no pescoço, espadrilhas e o quepe naval.

A primeira transformação da camisa de roupa de trabalho para item de moda não foi inteiramente bem-vinda. Em 1934, a *Adam*, revista de observação de estilo do período entre guerras, comentou que a Riviera Francesa era invadida por jovens boêmios que usavam uma "moderna roupa de marinheiro" composta por camiseta bretão e boina, outro ícone do vestuário francês. A segunda onda de valorização da camisa, em meio à florescente juventude cultural de Paris depois da Segunda Guerra Mundial (e prenunciando a cultura beat nos Estados Unidos), tornou a bretão parecida com uma abordagem francesa da camiseta branca e simples, absolutamente americana. Se a camiseta branca era a escolha de Johnny, personagem de Marlon Brando em *O selvagem* (1953), Lee Marvin, representando seu companheiro motociclista e rebelde, vestia alguma coisa semelhante a uma bretão em azul e amarelo.

CARDIGÃ

CAMISAS E SUÉTERES

Muitos tipos de roupas deram uma espécie de imortalidade a indivíduos que foram homenageados ou celebrados em vida: o casaco Chesterfield ou talvez a gravata de nó Windsor. Mas o cardigã celebra um homem que é associado a um desastre militar. James Thomas Brudenell (1797-1868) foi um oficial do exército britânico assolado pelo escândalo durante toda sua vida: ele foi removido de um posto militar por má conduta e, mais tarde, julgado pela Casa dos Lordes por travar um duelo. Servia na Guerra da Crimeia em 1854 quando, como resultado de uma série de problemas de comunicação, recebeu ordem para liderar um ataque suicida da cavalaria contra um canhão russo. Muitos de seus homens foram mortos, e a coragem deles é lembrada no poema de Alfred, lorde Tennyson, "The charge of the Light Brigade" [O ataque da Brigada Ligeira].

Brudenell também foi o sétimo conde de Cardigan e, em parte por ter ficado famoso pelo ataque da cavalaria, seu suéter macio e grosso com acabamento de pele – que ele supostamente usava por poder vesti-lo e tirá-lo sem despentear o cabelo – virou moda na alta sociedade, embora derivasse do traje tradicional de pescadores do século XVII. O cardigã, como ficou conhecido, não foi a única roupa que saiu da Guerra da Crimeia: a balaclava, um acessório de lã que cobria a cabeça inteira, recebeu o nome da cidade, agora na Ucrânia, perto de onde aconteceu o ataque da Brigada Ligeira. Porém, enquanto as balaclavas têm uma reputação ruim por serem usadas por personagens sinistros, as origens do cardigã na guerra não podiam estar mais distantes de suas associações mais modernas: roupa de avô e lareira.

A associação do cardigã com uma geração mais velha ficou, talvez, mais clara com David Bowie e Bing Crosby numa apresentação de "Little drummer boy" na TV em 1977. O primeiro vestia paletó alinhado, jeans e barra virada, o último estava de camisa de colarinho aberto e cardigã Slazenger cinza, mas sem o cachimbo que era sua marca registrada. Mas isso desmente o potencial do cardigã para uma imagem de vanguarda; James "Gene" Tunney, campeão peso-pesado do boxe de 1926-28, fez da versão de gola-xale uma marca registrada de virilidade fora do ringue, e, durante o início da década de 1990, Kurt Cobain, do Nirvana, reinventou o apelo do cardigã por meio do grunge.

Durante os anos seguintes à Segunda Guerra, a indústria do vestuário masculino começou a distinguir entre um guarda-roupa masculino de trabalho e o que um homem usava quando de folga. Cardigãs eram considerados impróprios para o local de trabalho e por isso se tornaram símbolo de descanso; foram populares na cena beat de vanguarda da Costa Oeste americana e entre os intelectuais da Rive Gauche parisiense. Grossos, em modelos com zíper ou gola-xale, eles se tornaram uma roupa esportiva popular.

Página ao lado: Warren Beatty fotografado em 1962.
Abaixo: Jack Nicholson em um cardigã para um de seus primeiros papéis no cinema, *Studs Lonigan* (1960).

Crosby não foi o único superastro cantor da época a vestir o cardigã. Outros como Frank Sinatra e Perry Como também eram fãs, e seus programas de televisão de grande audiência ajudaram a levar a peça para a moda. Os três homens compartilhavam o amor pelo golfe, e o cardigã havia conquistado certa credibilidade por intermédio do esporte: lendas do golfe como Jack Nicklaus, Arnold Palmer e Dan Sanders vestiam o que era conhecido como alpaca – um cardigã de mangas largas e corte solto. Comentava-se que a conta anual de Sinatra na loja do Canyon Club em Palm Springs, seu campo local, chegava a 30 mil dólares só em peças tricotadas. A Voz preferia seus cardigãs na cor laranja.

O apelo do cardigã também se tornou mais juvenil durante as décadas de 1940 e 1950, graças à popularidade do sistema de premiação nas faculdades americanas: alunos que atingiam certo padrão nos estudos ou tinham sucesso em um esporte ou em alguma forma de arte eram recompensados com uma letra de chenille, normalmente a inicial da escola. Ela era costurada no bolso esquerdo de um cardigã pesado como aqueles usados por Ritchie Cunningham e Potsie, personagens da série de televisão *Happy Days*, da década de 1950; ela também podia ser costurada em uma jaqueta chamada *letterman* – um modelo de gola careca em estilo beisebol com corpo de lã e mangas de couro. Cardigãs e jaquetas eram recordações valiosas depois da formatura.

ACESSÓRIOS

ISQUEIRO DE LUXO / CHAPÉU-PANAMÁ /
CANETA-TINTEIRO / ÓCULOS AVIADOR /
RELÓGIO DE MERGULHO / ISQUEIRO
À PROVA DE VENTO / RELÓGIO DA LUA /
GRAVATA

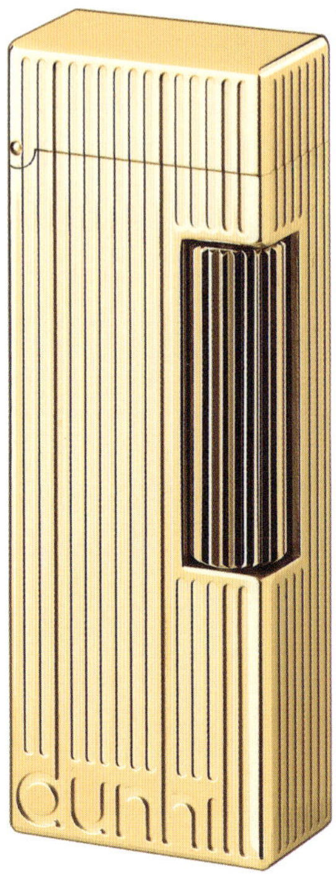

ISQUEIRO DE LUXO

ACESSÓRIOS

O mecanismo característico podia anunciar Dunhill, mas o design simples permitia que o Rollagas tivesse diversas variações, incluindo uma que reivindicou o recorde do Guinness de isqueiro mais caro do mundo. Elvis tinha um Rollagas de ouro 14 quilates.

O isqueiro Dunhill Rollagas tornou-se um ícone, não por sua funcionalidade, como o Zippo, nem mesmo por suas linhas elegantes, mas porque sintetizava um certo status. Como fumar personificava glamour antes de ser conhecido o impacto das doenças relacionadas ao tabaco, assim também era o Rollagas. Acender um cigarro com um fósforo podia ser parte do ato de sedução, mas o elegante isqueiro sugeria o tipo de homem que leva a sério os detalhes do vestuário, até como acender seu cigarro.

O Rollagas também era um sucesso de engenharia. Dunhill, no começo uma tabacaria, depois marca de estilo para cavalheiros, criou seu primeiro isqueiro a gás experimental em 1952, quando o fabricante suíço da companhia inventou um sistema de combustível de butano que suplantou o Dunhill Auto-Rollalite abastecido a gasolina. Por problemas iniciais com a tecnologia, só em 1955 foram feitos os primeiros pedidos.

O Rollagas foi lançado – em Paris, o paraíso dos fumantes – no ano seguinte. Restrições de importação na França, que limitavam o número de itens de metais preciosos, só aumentaram a demanda pelo isqueiro. Em Londres, onde essas restrições não existiam, ele era oferecido em todos os revestimentos possíveis, inclusive prata de lei e ouro 9 quilates, e com acabamento lacado ou gravado à máquina; um fumante podia pôr sobre a mesa um modelo que não seria visto em nenhum outro lugar. Em 1972, um Rollagas de ouro 18 quilates com guarnição de 200 diamantes reivindicou o recorde do Guinness como o isqueiro de bolso mais caro do mundo (preço: cerca de US$ 50 mil em 2007). Foi um recorde que Dunhill se esforçou para não perder. Em 1975, ele produziu uma versão com 157 diamantes que foi vendida por cerca de US$ 7.300, enquanto em 1976 um isqueiro de mesa que incorporava o Rollagas foi posto à venda por cerca de US$ 52.500.

Esses números garantiam grande visibilidade ao isqueiro. Mas um destaque ainda maior havia sido assegurado: Donald Campbell ganhou um Rollagas folheado a prata por quebrar o recorde local de velocidade terrestre nas salinas de Lake Eyre na Austrália em 1964. Em 1967, "Coronel" Tom Parker, empresário de Elvis Presley, deu a ele um Rollagas de ouro 14 quilates; o isqueiro era carregado pelo guarda-costas de Presley, porque a calça do Rei era apertada demais. Durante os anos 1970 um comandante de submarino perdeu seu isqueiro e o encontrou um mês depois preso em uma parte da torre de comando; apesar da submersão em profundidade, o relato afirma que o isqueiro funcionou quando ele o usou de novo.

Embora haja várias mudanças na decoração, o desenho do Rollagas quase não se alterou desde o tempo em que ele foi lançado, com duas exceções. Em 1971, a dobradiça da articulação da tampa foi substituída por outra integrada. E, em 2006, o ajustador de chama foi transferido da lateral do isqueiro para a base, de forma que não enroscasse mais na roupa, e um tanque interno separado foi criado para facilitar os reparos (até essa época o próprio estojo funcionava como tanque). As duas modificações externas deram ao Rollagas uma aparência mais simplificada e também deram grande ênfase visual à sua característica mais marcante: o mecanismo de rolagem operado pelo polegar que produzia a chama. Como no Zippo, o som da tampa do isqueiro sendo fechada é parte de seu apelo, a ponto de atualizações propostas terem sido rejeitadas porque modificariam o "clanc" característico.

CHAPÉU--PANAMÁ

ACESSÓRIOS

Antigo favorito dos profissionais mais velhos de golfe, frequentadores de corridas de cavalos e da classe média aposentada, o chapéu-panamá é o rei do vestuário de verão - e talvez o único ícone do guarda-roupa masculino com origem no Equador. A versão moderna tem sido um clássico do guarda-roupa masculino desde o começo do século XX e foi um acessório-chave durante a era dourada da roupa masculina, da década de 1930 até o começo da de 1950. O panamá foi adotado por astros do cinema, como Humphrey Bogart e Gary Cooper, líderes mundiais, como Winston Churchill e Harry Truman, e personalidades como Salvador Dalí e Frank Sinatra. Mas a história do chapéu tem muitos séculos.

Os incas sabiam tanto sobre não passar calor quanto sobre sacrifício humano - no século XVI, eles foram os primeiros a usar chapéus em estilo panamá. Chamados *paja toquilla*, esses chapéus os protegiam do sol intenso e eram feitos de folhas de palmeira. As folhas eram limpas e transformadas em cordões não muito mais grossos que fios e tecidos em uma trama tão apertada - algo em torno de 1.200 entrelaçadas por 2,5 cm² - que o resultado parecia linho.

Cada chapéu é feito à mão - não existem dois iguais - e requer meses de trabalho de um artesão, que prefere tecer sem luz brilhante e, idealmente, em um dia nublado, porque assim é mais fácil enxergar as fibras. Nos melhores exemplares, as pontas são tecidas de volta dentro da aba; em versões de qualidade inferior, as abas são aparadas e costuradas. Depois de pronto, o chapéu é batido - uma arte - para criar regularidade e maleabilidade, lavado em água de chuva, passado a ferro para recuperar a forma e, por fim, recebe o acabamento. Os panamás são naturalmente beges, embora fibras mais escuras às vezes sejam introduzidas para aumentar o lucro, ou um chapéu inteiro seja alvejado com enxofre dos vulcões da região. O primeiro modelo reconhecível como um panamá foi criado por Francisco Delgado no começo do século XVIII. Os melhores exemplares hoje - como aqueles da Brent Black do Havaí ou do chapeleiro de Londres Lock & Co., que vendia os chapéus desde 1676 - ainda são feitos no Equador da maneira ensinada por Delgado. Lock foi um dos primeiros cha-

Página ao lado: Mick Jagger em meados dos anos 1970, de chapéu-panamá, sapatos pespontados e calça de pernas largas - uma versão rock 'n' roll do estilo Grande Gatsby.

Fazer um chapéu-panamá à mão é um processo antigo, demorado e exaustivo. Os fãs desse acessório não aceitam imitações.

peleiros a ajudar a popularizar o panamá na Europa; o modelo clássico é o mais procurado. Com aba larga e faixa preta, é feito em fábricas caseiras nas províncias equatorianas de Manabi e Guayas, e sua produção se concentra na cidade costeira de Montecristi.

O panamá deveria ser conhecido como o chapéu Equador, já que nunca foi feito no Panamá. O modelo recebeu esse nome quando se tornou conhecido no mundo graças aos trabalhadores que construíam o canal do Panamá no começo do século XX e usavam o chapéu para se proteger do sol. Pouco depois, Azuay e Canar, principais regiões produtoras de chapéus no Equador, estabeleceram um vibrante negócio de exportação – as plantas usadas na fabricação até passaram a ser conhecidas como palmeiras de chapéu-panamá. A aceitação real na Inglaterra, em um tempo em que a realeza era um critério para a elegância no vestir, garantiu que ele se tornasse um clássico do verão.

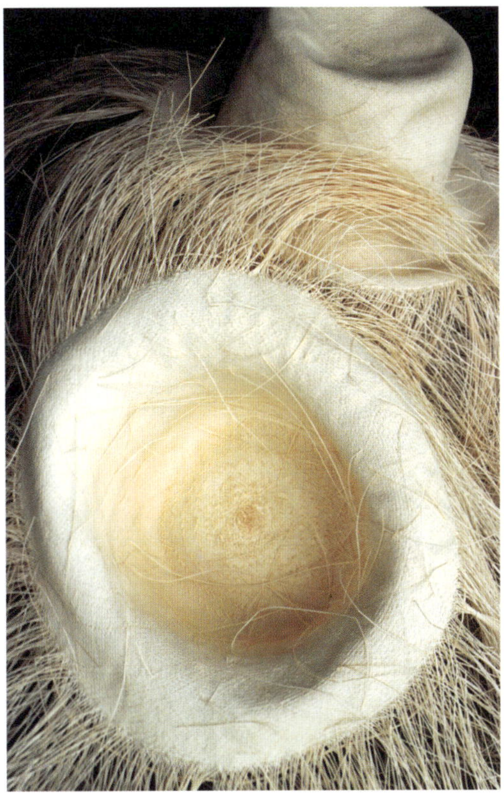

CANETA-TINTEIRO

ACESSÓRIOS

Ela não foi a primeira caneta-tinteiro, e há outras que têm algum direito à fama: a Pink da Waterman, a Duofold da Parker, a Pelikan 100, a Lifetime Balance da Sheaffer... Mas, pela posição alcançada, talvez nenhum "instrumento de escrita" tenha ajudado tanto a manter o uso das canetas-tinteiro na era digital do que a Montblanc Meisterstück (Marterpiece, "obra-prima") 149.

Seu peso simbólico é tão grande que o Departamento para Assuntos Estrangeiros em Berlim (Montblanc era originalmente uma empresa alemã) mantém duas disponíveis para a assinatura de tratados. Essa é a caneta usada com mais frequência para preencher outros documentos importantes, de acordos comerciais a registros de casamento; John F. Kennedy assinava leis com uma, e Ernest Hemingway fazia anotações com a dele.

Embora escrever com a 149 não seja diferente de usar qualquer outra caneta, ela se tornou o modelo clássico, em exibição permanente no Museu de Arte Moderna de Nova York. Em 1974, Roger Moore, no papel de James Bond, usou uma Meisterstück dourada - adaptada por Q, o gênio dos dispositivos - para atirar no pistoleiro homônimo em *007 contra o homem com a pistola de ouro* (1974). Ele usou outra em *007 contra Octopussy* (1983).

A caneta foi lançada em 1924; 149 é só um número interno de produção. Mas o 4810 gravado à mão na ponta metálica era mais significativo, porque era a altura em metros do Mont Blanc, o monte mais alto da Europa. Dois outros sinais identificavam a caneta preta e robusta, mas simples, como uma Meisterstück: três anéis de ouro ou platina e uma estrela branca de seis pontas na tampa, uma referência às seis geleiras em torno do pico do Mont Blanc. Essa gravação sutil, mas significativa, ajudou a Meisterstück a se tornar um evidente indicativo de bom gosto.

Quando a Meisterstück foi lançada, a companhia por trás dela era bem-estabelecida. O empresário do ramo de papelaria Claus-Johannes Voss, de Hamburgo, o engenheiro August Eberstein e o vendedor Alfred Nehemias se encontraram em 1906 para trocar ideias comerciais. Eles decidiram ingressar no então incipiente mercado de canetas-tinteiro, que crescia lentamente na Inglaterra e nos Estados Unidos, com a Waterman liderando no mercado americano.

Voss teve a grande ideia: uma caneta-tinteiro com compartimento de tinta independente de um tinteiro seria o produto perfeito para uma sociedade cada vez mais dinâmica. Os três homens fundaram a Simplo Filler Pen Company em Hamburgo, e sua primeira caneta, a Rouge et Noir, cujo nome foi retirado do romance de Stendhal, era feita de ebonite preta, tinha tampa vermelha e foi lançada em 1909. Era, como anunciava a propaganda da época, "uma caneta-tinteiro que não borra". A Montblanc, apresentada no ano seguinte, era vendida com a inovadora proposta de não vazar quando estava tampada.

Naquela época, a indústria da caneta-tinteiro fazia história com suas novas ideias: o sistema de alavanca de enchimento da Sheaffer de 1912, a versão com botão de enchimento da Parker... mas o trio havia encontrado a mina de ouro. A precursora da Meisterstück foi tão bem-sucedida que a empresa mudou de nome para Montblanc Simplo. Durante a depressão dos anos 1930, ela acrescentou uma garantia vitalícia à Meisterstück para reforçar sua mensagem de qualidade.

Depois dos anos 1950, com o avanço da tecnologia da esferográfica, canetas-tinteiro se tornaram menos populares como ferramentas de escrita, e seu status era mais importante que sua utilidade. Uma Meisterstück no bolso superior de um homem faz uma afirmação sobre ele - antes de qualquer coisa ser escrita.

No alto: O presidente John F. Kennedy entrega uma Meisterstück a Konrad Adenauer, primeiro chanceler da República Federal da Alemanha, na assinatura de um tratado em 1962. Os alemães foram os primeiros a criar o protótipo de uma caneta-tinteiro: em 1636, Daniel Schwenter propôs usar uma pena dentro de outra e depois selar o conjunto com cortiça. Mas foi só com a Montblanc de penas com ponta de irídio, borracha que não ressecava com o tempo e tinta que não entupia, que a caneta-tinteiro se tornou realidade. Acima e à esquerda: Propagandas do início da Montblanc refletiam o espírito e o estilo dos tempos, e, em alguns casos, a companhia tinha a confiança de nem mostrar suas canetas.

ÓCULOS AVIADOR

ACESSÓRIOS

Página ao lado: "Sinto necessidade, necessidade de velocidade!" Tom Cruise como Maverick em *Top gun* (1986), do diretor Tony Scott, o filme que começou uma corrida pelo modelo de óculos de sol aviador da Ray-Ban (abaixo).

Um ícone do vestuário masculino é um clássico que mantém sua posição ao longo de gerações, mas Hollywood pode, com certeza, ajudar na conquista dessa posição. Talvez nenhum outro acessório tenha renascido com mais impacto graças à presença em um filme do que o Ray-Ban aviador. No filme *Top gun - ases indomáveis*, de 1986, os pilotos de caça representados por Tom Cruise e Val Kilmer competem para ser o melhor aluno de um curso. Suas roupas podem ter oferecido oportunidades limitadas para imitação, mas os óculos aviador promoveram as vendas no mundo todo.

O aviador apareceu em outros filmes antes e depois desse: James Stewart portou um modelo similar em *Águia solitária* (1956), sobre o pioneiro voo transatlântico de Charles Lindbergh; Peter Fonda usou os óculos em *Sem destino* (1969); e eles apareceram em várias obras de épocas posteriores, entre elas *Treze dias que abalaram o mundo* (2000), *Quase famosos* (2000) e *Pearl Harbor* (2001). Mas foi a virilidade em *Top gun* - um veículo perfeito para o espírito impetuoso da década de 1980 - que fez deles não só um clássico, mas também o que é considerado o modelo de óculos mais vendido no mundo.

A moda pode ter notado o modelo por causa do filme, mas os figurinistas do filme o escolheram por sua autenticidade. Os óculos foram parte do figurino do elenco de *Top gun* justamente por ser o que os pilotos usavam e ainda usam. O modelo foi lançado em 1929 depois que o general MacCready do Exército dos Estados Unidos encomendou a um fabricante uma proteção ocular para os pilotos da Força Aérea, algo que oferecesse um campo de visão claro e reduzisse o ofuscamento pelo sol - que causava dores de cabeça - e os efeitos da radiação ultravioleta e infravermelha nos olhos dos aviadores. A encomenda foi responsável pelo estabelecimento da empresa Ray-Ban. Em 1935, as Forças Armadas chamaram o modelo que ajudaram a criar de Tipo D-1; a primeira vez que o aviador foi posto à venda para o público foi em 1936, quando a Ray-Ban foi fundada.

O modelo original tinha armação de plástico, de forma que nenhum metal tocasse o rosto da tripulação de terra que trabalhava em temperaturas abaixo de

zero (embora mais tarde ela tenha sido substituída por uma armação de metal dourado), e lentes antirreflexo num tom peculiar de verde. Essas lentes tinham um formato específico, o de uma grande gota virada de lado, bem parecido com os óculos de proteção usados em serviço. As lentes desciam até a face para proteger toda a cavidade ocular, por isso o modelo foi adotado por aviadores navais e passou a ser marca de distinção. Os pilotos da Força Aérea e do Exército dos Estados Unidos preferiam um modelo menor e mais quadrado da American Optical, de 1958; os óculos podiam ser facilmente tirados ou postos enquanto eles usavam um capacete.

Dada a imediata associação entre o modelo aviador e a aviação de caça, é irônico que pilotos de caça e bombardeiros raramente usassem apenas óculos de sol até bem depois da Segunda Guerra Mundial. Óculos de proteção, às vezes escuros, foram usados até a introdução dos capacetes com visor basculante durante os anos 1950, e os primeiros óculos escuros foram desenhados para acomodá-los. De fato, a especificação militar se referia aos óculos de sol como uma categoria de óculos de proteção. Só em 1941 os óculos D-1 foram oficialmente substituídos pelo que enfim foi descrito como "Óculos, Voar, Sol, Fumaça Rosa, Tipo 2".

Página ao lado: Robert De Niro como Travis Bickle em *Taxi driver* (1976), de Martin Scorsese. Os óculos eram uma barreira entre o distorcido mundo interior de Bickle e a realidade na qual ele mal conseguia existir. Abaixo: Óculos de sol aviador usados por aviadores da Marinha dos Estados Unidos e tripulantes de navios, que aqui adotam o modelo mais quadrado da American Optical.

OFF
TAXI
DUTY
65¢ 1ST 1/6 MILE
EACH 1/6 MILE

RELÓGIO DE MERGULHO

ACESSÓRIOS

Quando Mercedes Gleitze tornou-se a primeira mulher a atravessar o canal da Mancha, em 1927, seu sucesso foi frustrado por um falsário que afirmou ter realizado a mesma proeza em menos tempo. Apenas duas semanas depois, ela se dispôs a nadar os 35 quilômetros, novamente, no que foi apelidado de Vindication Swin (Travessia Revanche). Gleitze teve grande publicidade, e Hans Wilsdorf, fundador da companhia de relógios Rolex, percebendo o potencial de marketing em patrociná-la, pediu à nadadora para usar um de seus novos relógios Oyster. Gleitze teve que ser tirada da água 11 quilômetros antes da margem - mas um jornalista do *The Times* comentou que ela usava um relógio de ouro em uma fita presa ao pescoço; o relógio ainda funcionava perfeitamente. E nascia uma lenda. Um mês depois, o Rolex Oyster Perpetual foi lançado no Reino Unido.

Wilsdorf, um relojoeiro alemão, havia se mudado para Londres em 1906 e fundou a marca Rolex em 1908; dizem que o nome imita o som de um relógio mecânico a que alguém dá corda. A companhia se estabeleceu em Genebra a partir de 1912 para economizar impostos de exportação. No início, Wilsdorf e seu sócio e cunhado, Alfred Davis, fabricavam caixas e importavam mecanismos. Porém, com a criação da Cartier, em 1904, a quem é atribuído o primeiro relógio de pulso - feito para o aviador Alberto Santos Dumont -, esse modelo começou a substituir os relógios de bolso, e Wilsdorf encontrou sua chance.

A Rolex Watch Company logo se dedicou a criar um novo tipo de relógio resistente às intempéries. Em 1910, ela recebeu o primeiro certificado oficial de cronômetro para um relógio de pulso; e a criação de relógios à prova d'água continuou progredindo. Mas só quando a Rolex comprou os direitos de patente de uma coroa rosqueada da relojoaria suíça Perret & Perregaux o Oyster pôde finalmente ser fabricado. Em 1926, foi lançado o primeiro relógio à prova de poeira, hermético e, mais impressionante na época, à prova d'água.

Avanços posteriores incluem a adição de um mecanismo automático de corda em 1931. Com isso, a coroa era desenroscada só ocasionalmente para ajuste da hora, o que poupava soldas e permitia que o relógio continuasse à prova d'água. Em 1945, foi criado um mecanismo de exibição da data, o que permitiu a criação do Oyster Perpetual Datejust. O Rolex Submariner, primeiro relógio à prova d'água em uma profundidade de 100 metros, surgiu em 1953 e representou o salto de ferramenta especializada para objeto de luxo. O Explorer foi apresentado em 1954; o GMT Master, o primeiro com dois fusos horários, em 1955; o Sea Dweller, em 1967; e o Cosmograph Daytona, em 1976.

Outros relógios podem ser mais impressionantes que o básico Oyster, e até mais precisos. Mas poucos foram mais desejados, como sugere o elogio indireto das falsificações. Ele passou a definir o relógio arquetípico: simples, mas sólido, elegante, mas másculo. Graças a um serviço especial criado por Wilsdorf, prisioneiros de guerra britânicos na Segunda Guerra podiam encomendar, por carta e diretamente de seus campos, um Oyster - por padrão um Speed King. O cabo Clive Nutting, um dos organizadores da famosa Grande Fuga, encomendou um caro cronômetro 3525 e, embora não fosse um oficial, alcançou esse privilégio. O relógio foi usado, supostamente, para cronometrar os movimentos dos vigias e ajudar nas tentativas de fuga. Wilsdorf aceitou a palavra de um militar como garantia de pagamento e se contentou em esperar para receber quando a guerra acabasse; isso elevou a moral, porque o acordo sugeria que as potências do Eixo seriam derrotadas.

Tenzing Norgay e Edmund Hillary usavam Oysters quando conquistaram o Everest em 1953, e o relógio funcionou bem a 8.848 metros acima do nível do mar. Sete anos mais tarde, a edição especial Sea Dweller, usada pelo mergulhador pioneiro Jacques Piccard, teve um bom desempenho no fundo da Fossa das Marianas, a 10.916 metros, o ponto mais profundo da terra. Porém, o maior elogio talvez esteja na ficção: um Oyster Perpetual era a escolha de James Bond nos romances de Ian Fleming, assim como o Submariner foi a opção do agente na franquia do filme até 1995.

Página ao lado: O Rolex Submariner (acima). O relógio Oyster original (abaixo, à esquerda). Um anúncio de Natal no início do Oyster. As propriedades à prova d'água do Oyster eram ressaltadas em todos os anúncios. Como dizia uma propaganda para o jornal do Reino Unido *Daily Mall*, o relógio "pode ser usado no mar ou no banho sem prejuízo, nem condições tropicais ou árticas afetam a precisão de seu mecanismo belamente revestido". O lançamento do Oyster, acrescentava o anúncio, "marca um desenvolvimento singular no avanço da ciência dos cronômetros" (abaixo, à direita). Abaixo: Mercedes Gleitze.

ROLEX
SUBMARINER
660ft=200m
SUBMARINER
ROLEX
SUBMARINER

ROLEX
OYSTER
SWISS MADE

Daily Mail
FOR KING AND COUNTRY.
THURSDAY, NOVEMBER 24, 1927.
20 WORLDS RECORDS
20 WORLD'S RECORDS
The Marvellous
ROLEX
WRIST WATCH
The World's Best by Every Test
MAKE IT A ROLEXMAS
ALL GOOD JEWELLERS
A LIFETIME GIFT FOR CHRISTMASTIME.
ROLEX PRICES
THE ROLEX TEST
Rolex introduces for the first time
the greatest Triumph in Watch-making
ROLEX 'OYSTER'
The Wonder Watch that Defies the Elements.
Send for this coloured Brochure it's FREE!
ROLEX OYSTER PRICES
THE ROLEX WATCH CO. LTD.
GENEVA SWITZERLAND

KHESANH
VIETNAM
IF I HAD A FARM
IN VIETNAM AND A
HOME OF HELL
I'D SELL MY FARM
AND GO HOME

KENDALL
The

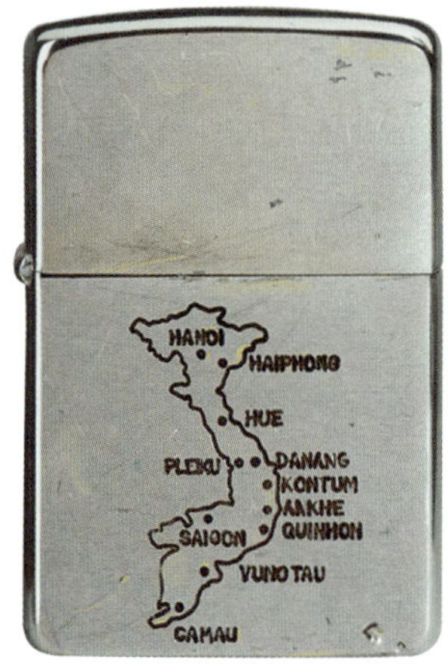
HANOI
HAIPHONG
HUE
PLEIKU
DANANG
KONTUM
AAKHE
QUINHON
SAIGON
VUNG TAU
CAMAU

ZIPPO

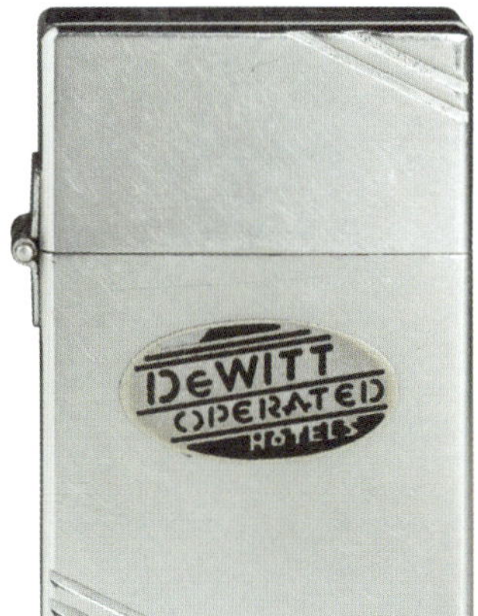
DeWITT
OPERATED
HOTELS

ZIPPO
Windproof
LIGHTER
ZIPPO
MANUFACTURING CO.
BRADFORD, PA., U. S. A.

ISQUEIRO À PROVA DE VENTO

ACESSÓRIOS

Página ao lado: De instrumento promocional a objeto de recordação, a superfície de aço inoxidável do Zippo serviu para várias formas de expressão. Abaixo: A capa da edição de luxo do álbum de estreia da banda The Wailers, *Catch a fire* (1973), desenhada por Rod Dyer e Bob Weiner. Só 20 mil cópias foram feitas, porque a dobradiça que permitia que o topo da capa abrisse como um isqueiro Zippo tinha de ser montada à mão e foi considerada cara para produção em massa. Prensagens subsequentes do álbum tiveram a obra de arte substituída por uma imagem de Bob Marley fumando um baseado.

O Zippo não foi uma ideia inteiramente original. A história conta que em 1931 George Blaisdell, fundador da empresa de mesmo nome, viu um amigo no Bradford Country Club na Pensilvânia se esforçando para usar um isqueiro de fabricação austríaca. O ponto positivo era que o desenho de chaminé significava que era quase impossível o vento apagar a chama. O ponto negativo era que a caixa oval era frágil, e era necessário usar as duas mãos para operar o isqueiro, porque a tampa tinha de ser removida.

Blaisdell reconhecia uma boa ideia quando via uma. Ele usou o desenho de chaminé perfurada – centro da iconografia do Zippo – e criou uma caixa retangular resistente com uma tampa com dobradiça e mola. No geral, são 22 componentes de bronze, alumínio e aço com um pavio. Em 1933, foi lançado o primeiro Zippo. Blaisdell deu a ele esse nome porque gostava do som da palavra zíper (então uma inovação) por sua ideia de modernidade. O isqueiro tinha garantia vitalícia ("Ele funciona, ou nós o consertamos de graça", como anunciava a embalagem, e ainda anuncia). A patente do design foi solicitada no ano seguinte e concedida em 1936. Em 2006, cerca de 425 milhões de isqueiros Zippo haviam sido vendidos.

Avanços-chave, feitos nos anos 1950, foram estampar a caixa em uma peça única de metal, o que dava ao isqueiro suas típicas extremidades arredondadas e permitia mover a dobradiça da tampa de fora para dentro da caixa. Isso criou uma caixa externa lisa que era não só elegantemente simplificada como também protegia o bolso das calças. Além desses detalhes, o Zippo praticamente não mudou. Até a variedade de decalques é uma ideia antiga; o isqueiro foi usado pela primeira vez como veículo de propaganda na metade dos anos 1930, quando a Kendall Refining Company de Bradford encomendou 500 isqueiros com seu logotipo. Com isso era criado um Santo Graal para colecionadores ávidos – para quem a Zippo lançou uma feira internacional de trocas em 1995. Importantes eventos nacionais pelo mundo são celebrados por uma edição do Zippo.

Outros produtos Zippo apareceram e foram descontinuados: um canivete, uma lanterna, canetas, lápis e até um carro em forma de isqueiro. Só o isqueiro resistiu ao teste do tempo e foi a Segunda Guerra Mundial que fez dele um ícone americano, embora não estivesse disponível para os civis. Ele foi adotado como parte do kit não oficial de todo soldado, e o exército acabou encomendando sua própria versão, que era revestida com tinta preta para proteger a caixa de aço mais barata da ferrugem (todo o bronze era usado pelo esforço de guerra). A tinta dava ao isqueiro o que era chamado de acabamento craquelado.

Mais tarde, a superfície do isqueiro se tornou um lugar perfeito para customização e mensagens pessoais. "Se você quer fazer amor, sorria quando me devolver o isqueiro" foi gravado no que pertencia a um militar sedutor em serviço no Vietnã. E os benefícios para o marketing das histórias de guerra – Zippos haviam desviado balas inimigas, ou militares perdidos no mar foram vistos quando acenderam o isqueiro – não passaram despercebidos pela companhia.

O status icônico do Zippo foi fortalecido quando ele se tornou um acessório para estrelas do cinema como Ingrid Bergman em *Casablanca* (1942) e também para gente do rock 'n' roll depois da Segunda Guerra Mundial; o estalo metálico característico que ele faz ao ser aberto foi até usado em canções. Dizem que Eric Clapton o usava como metrônomo quando estava compondo.

RELÓGIO DA LUA

ACESSÓRIOS

Abaixo: A Omega foi rápida em tirar proveito do potencial de marketing quando a Nasa escolheu seu design Speedmaster como equipamento oficial dos astronautas.

Alguns relógios foram usados no espaço: modelos da Breitling (seu Cosmonaute foi escolhido para os primeiros voos orbitais da Nasa em 1962 e divulgado com uma propaganda que dizia "Relógio no Espaço!"), Omega – também para a Nasa – e Fortis, para a Agência Espacial Russa. A Bell & Ross entrou no mercado em 1992 com seu Space 1, uma reedição do primeiro cronógrafo automático usado no espaço em 1983 pelo astronauta alemão Reinhart Furrer na SpaceLab. Mas só um relógio pode reivindicar o título de primeiro a ser usado na Lua: o Omega Speedmaster.

A Nasa acreditava que tinha pouco tempo para encomendar um relógio criado a partir do zero antes de suas primeiras missões tripuladas à Lua. Então, em 1962, ela testou dez marcas de cronógrafos comprados em Houston, Texas, e, depois de eliminar quatro, solicitou dois modelos de cada uma das seis marcas restantes; o Speedmaster já havia sido usado no espaço, também em 1962, pelo astronauta Walter Schirra, que o comprou para si mesmo. A Omega ganhou a conta oficial da Nasa por questões técnicas três anos depois – com uma versão de um relógio lançado em 1957, dez meses antes da Sputnik, que havia sido desenhado para fins esportivos, não para uma viagem espacial.

A relojoaria suíça havia desenvolvido um visor acrílico que dava visibilidade máxima em todas as condições e, se quebrado, não se partia em pedaços pequenos – um pequeno caco de vidro flutuando em uma espaçonave a várias dezenas de milhares de quilômetros por hora pode causar um ferimento catastrófico. O Speedmaster foi de novo selecionado em 1981, quando o lançamento do ônibus espacial levou a Nasa a conduzir uma revisão do equipamento.

O Speedmaster era mais que adorno. Usar um relógio, naquela época e agora, beneficia psicologicamente os astronautas conectando-os com a Terra. E nos primeiros anos de corrida espacial um relógio também era funcional. Quando houve uma falha completa do sistema durante a missão da *Apollo 13* em 1972, os astronautas usaram seus Speedmasters para programar o tempo da explosão do foguete que alinharia a cápsula para a reentrada na atmosfera terrestre.

O relógio era resistente à água em uma profundidade de 60 metros, uma indicação da solidez da caixa de fundo rosqueado desenhada por Claude Baillod, e também capaz de resistir às dificuldades do espaço: a necessidade de funcionar no vácuo e em gravidade zero, extremos de temperatura na Lua de -160°C a 120°C e as imensas forças de gravidade de lançamento e reentrada. Com detalhes funcionais, entre eles um mostrador bem legível e coroa e botões enormes, que permitiam que o cronógrafo pudesse ser operado com luvas pesadas, não foi surpresa o Speedmaster ter sido aprovado no teste da Nasa, por superar qualquer prova a que pudesse ser submetido um relógio mais comum.

Apesar da pressão contínua para a escolha de um relógio feito na América, os astronautas Virgil Grissom e John Young usaram os primeiros Speedmasters aprovados pela Nasa para a missão da *Gemini Titan III* em 1965, e Edward White usou o relógio na primeira caminhada americana no espaço dois meses depois. A Omega só descobriu que seu relógio havia sido usado ao vê-lo em fotografias na imprensa e acrescentou "Professional" ao seu mostrador.

Em 1969, o Speedmaster tornou-se o primeiro relógio a ser usado na Lua – não por Neil Armstrong, que deixou o dele dentro da cápsula por precaução, caso o relógio parasse de funcionar na atmosfera lunar, mas por Buzz Aldrin. De fato, nenhum outro relógio pode declarar, como no anúncio do Speedmaster, que foi "Testado na Suíça. Testado em Houston. Testado na Lua".

Embora tenha se mantido em grande parte fiel à sua primeira versão, o Speedmaster evoluiu. Aqui, de cima para baixo, estão os modelos de 1957 (o primeiro, com largo ponteiro de seta), 1966 e 1989 (com a inscrição Professional).

GRAVATA

ACESSÓRIOS

Página ao lado: O duque de Windsor, mais tarde Eduardo VIII, usava seu nó de gravata estreito para poder encaixá-lo no espaço reduzido da gola de alfinete. Seu avô, Eduardo VII, foi o inspirador do nó mais largo e triangular chamado de cheio ou duplo Windsor - suas gravatas eram confeccionadas em seda grossa para produzir um nó mais largo, mesmo quando eram feitos no tradicional *four-in-hand* (nó simples). O Windsor não desliza no colarinho e permite que os homens que usam gravatas mais comuns adotem um nó mais largo, uma imitação. Abaixo: Anúncios de gravatas dos anos 1960 - um modelo da Hardy Amies faz pose com negativos em 1962, e um catálogo da Gieves, o alfaiate da Savile Row que comprou a Hawkes & Co. em 1974 para formar a Gleves & Hawkes.

A função da gravata é decorativa. Ela não aquece nenhuma parte do corpo nem mantém outra peça de roupa no lugar. O que ela faz é enriquecer com estampas e cores as roupas masculinas formais. A gravata moderna data somente de 1924, quando Jesse Langsdorf, um alfaiate americano, patenteou uma criação "para todos os climas, que não amarrota", um design característico da maioria das gravatas no vestuário ocidental atual: três pedaços de tecido, costurados e dobrados formando uma ponta e, de maneira mais adequada, com o tecido cortado em viés, em um ângulo de 45 graus em relação às fibras do material, de forma que a gravata possa ser amarrada e desamarrada sem amarrotar.

Até os anos 1940 as gravatas eram comparativamente curtas. A ideia era proporcionar um toque de cor ao pescoço, daí a ênfase na largura (e nas estampas extravagantes), em vez do comprimento. Para uma peça tão simples, as mudanças na moda têm sido extremas, desde a minimalista variedade de cadarço, que remonta aos anos 1860, à larga gravata kipper dos anos 1970, criada por Michael Fish - que em 1966 fundou a influente alfaiataria Mr. Fish na Savile Row.

Apesar da aparente frivolidade da gravata, suas origens são militares. Legionários romanos na Coluna de Trajano em Roma no segundo século d.C. são retratados usando o que é considerado o mais antigo exemplo registrado de gravata: eram os *focales*. Os soldados do exército de terracota de Shih Huang Ti e a dinastia Qin (221-206 a.C.) usavam cordas de seda em torno do pescoço, embora mais como um símbolo de status do que como um artigo de vestuário. Mas foi só no século XVI que algo semelhante a uma gravata moderna decorativa apareceu. Durante a Guerra dos Trinta Anos na Europa (1618-48), mercenários croatas no exército francês exibiam adereços de pescoço semelhantes a um plastrom (ou *cravat*, corruptela de Croata) para sinalizar sua irmandade. Luís XIV da França adotou o modelo e deu a ele credibilidade na sociedade civil.

No começo do século XVIII, o plastrom se transformou em uma tira de musselina enrolada várias vezes em torno do pescoço e presa com um alfinete. A partir da década de 1850, esse arranjo evoluiu para o simples e mais solto *four-in-hand*, um pedaço de tecido retangular, amarrado, que ficou mais longo e estruturado de forma a poder ser atado em um nó mais adequado à nova camisa de colarinhos dobrados para baixo do início do século XX.

A partir da década de 1920, as gravatas listradas em cores regimentais foram muito usadas pelo pessoal das Forças Armadas britânicas em funções que exigiam roupas civis. Nos Estados Unidos, o influente fornecedor de roupas masculinas Brooks Brothers se apoderou do modelo e fez dele um padrão do vestuário, com uma modificação: enquanto as listras nas gravatas regimentais desciam do ombro esquerdo para o direito, na versão da Brooks elas desciam do ombro direito para o esquerdo. A gravata listrada logo se tornou um acessório do estilo Ivy League. Certas combinações de cores eram bem populares: a gravata da guarda real do príncipe de Gales, em azul e vermelho, era um sucesso de vendas.

Universidades britânicas popularizaram as gravatas listradas para indicar associação a suas faculdades: em 1880, alunos da Exeter College, em Oxford, começaram a usar as fitas de seus chapéus de palha como uma espécie de gravata. Logo surgiram as gravatas nas cores da faculdade. De modo semelhante, clubes privados para cavalheiros adotaram as próprias gravatas. Há relatos de que a tradição surgiu de uma piada. O ator Norman Forbes-Robertson, membro do Garrick Club em Londres, usava uma gravata verde e rosa-claro num almoço e, abordado por alguém que queria saber sua origem, disse que era a gravata oficial do clube. Pouco tempo depois ela foi adotada como tal.

LEITURAS SUGERIDAS

AMIES, Hardy. *The Englishman's suit*. Londres: Quartet, 1994.

BLACKMAN, Cally. *100 anos de moda masculina*. São Paulo: Publifolha, 2014.

BRAYLEY, Martin; INGRAM, Richard. *The World War II Tommy: British army uniforms European theatre, 1939-45*. Marlborough: Crowood Press, 2007.

BRUNEL, Charlotte. *The T-shirt book*. Nova York: Assouline, 2002.

BRUNNER, Gisbert L.; PFEIFFER-BELLI, Christian. *Wristwatches*. Colônia: Könemann, 2006.

CIRKER, Alan D. *The Alpha Story*. Chantilli, VA: Baker Hill Publishing, 2009.

ENJAMES, Henri-Paul. *GI collector's guide*: volumes I e II, Histoire & Collections. Paris, 2003.

FARREN, Mick. *The black leather jacket*. Londres: Plexus, 2008.

GAVENAS, Mary Lisa. *The fairchild encyclopedia of menswear*. Nova York: Fairchild Books, 2008.

HOPE, Dale. *The aloha shirt: spirit of the islands*. Oregon: Beyond Words Publishing, 2000.

KNIGHT, Nick. *Skinhead*. Londres: Omnibus, 1982.

LENIUS, Oscar. *A well-dressed gentleman's pocket guide*. Londres: Prion, 1998.

ROETZEL, Bernhard. *Gentleman: a timeless fashion*. Colônia: Könemann, 2004.

SIMS, Josh. *Rock fashion*. Londres: Omnibus, 1999.

SIMS, Josh. *Cult streetwear*. Londres: Laurence King Publishing, 2010.

SWEETING, C. G. *Combat flying clothing: army air forces clothing during World War II*. Washington, DC: Smithsonian Institution Press, 1984.

VASS, László; MOLNÁR, Magda. *Handmade shoes for men*. Colônia: Könemann, 2008.

WINDROW, Richard; HAWKINS, Tim. *The World War II GI: US army uniforms, 1941-45*. Marlborough: Crowood Press, 2008.

ÍNDICE

Números em **negrito** referem-se a ilustrações. Números em *itálico* referem-se a legendas.

CRÉDITOS ICONOGRÁFICOS

p. 8 © 2006 Topfoto

p. 10 Foto de John Kobal Foundation/ Getty Images

p. 12 © Bettmann/ Corbis

p. 13 Cortesia Baracuta

p. 14 Foto de John Dominis/Time & Life Pictures/Getty Images

p. 15 EON Productions/ Arquivo Ronald Grant

pp. 16-9 Cortesia Barbour

p. 20 Foto de Barham/ Getty Images

p. 21ab Cortesia Cordings

p. 21d Foto de Central Press/Getty Images

p. 22e Ronald Dumont/ Express/Getty Images

p. 22ab AFP/Getty Images

p. 23 © Bettmann/ Corbis

p. 24 Cortesia Arquivos Levi Strauss & Co, São Francisco

p. 25 Foto de Arquivo Hulton/Getty Images

p. 26 Cortesia Arquivos Levi Strauss & Co, São Francisco

p. 27 Cortesia Lee

p. 28 The Print Collector/HIP/Topfoto

p. 29 Cortesia Gloverall

p. 30 British Lion International/Arquivo Ronald Grant

p. 31ac Cortesia Gloverall

p. 31ab Cortesia Gloverall/© Imperial War Museum

p. 32 © Bettmann/ Corbis

pp. 33-5 Cortesia Fishtail Parkas

pp. 36-7 Cortesia Alpha Industries

p. 38 Foto de Arquivo Haynes/Popperfoto Getty Images

p. 39e Cortesia Aquascutum

p. 39d Cortesia Mackintosh

p. 40 Copyright de Arcadia Group Ltd (antes chamado Montague Burton Ltd), 1939

p. 41e Cortesia Barbour

p. 41d Cortesia Aquascutum

p. 42 Foto de Santi Visalli Inc./Getty Images

p. 43 Cortesia Schott Perfecto

p. 44e Cortesia Schott Perfecto

p. 44d Ed Peristein/ Redferns/Getty Images

p. 45 Cortesia Schott Perfecto

p. 46 20th Century Fox/The Kobal Collection

p. 47 Cortesia Alpha Industries

p. 48 Foto de Bert Longwerth/Arquivo Hulton/Getty Images

p. 49 Cortesia Amor Lux

p. 50 © Sunset Boulevard/Corbis

p. 51 Cortesia Eastman Leather Clothing/www.eastmanleather.com

p. 52 Cortesia de Austin & Howard Mutti-Mewse/Anita Page-House

p. 53 Foto de W. Eugene Smith/Time Life Pictures/Getty Images

p. 54 Cortesia Alpha Industries

p. 55 © Sunset Boulevard/Corbis

p. 56 Foto de Silver Screen Collection/ Arquivo Hulton/Getty Image

p. 57l Cortesia Burberry

p. 57d Cortesia Aquascutum

p. 58 Cortesia Burberry

p. 59 Cortesia Aquascutum

p. 60 The Kobal Collection/Mirisch/ United Artists

p. 62 Cortesia Arquivos Levi Strauss & Co, São Francisco

p. 63 The Kobal Collection

p. 64 Cortesia Arquivos Levi Strauss & Co, São Francisco

p. 65e Cortesia Arquivos Levi Strauss & Co, São Francisco

p. 65d Cortesia de Dockers®/Arquivos Levi Strauss & Co, São Francisco

p. 66 Foto de Terry O'Neill/Getty Images

p. 67 Cortesia Arquivos Levi Strauss & Co, São Francisco

p. 68 Cortesia Lee

p. 69e Cortesia Arquivos Levi Strauss & Co, São Francisco

p. 69d Cortesia Lee

p. 70 Foto de Galerie Bilderweit/Getty Images

p. 71 Foto de Popperfoto/Getty Images

p. 72 Foto de Lisa Larsen/Time Life Pictures/Getty Images

p. 73ab Cortesia Brooks Brothers

p. 73mab Cortesia Conselho de Turismo de Bermuda

p. 74 Foto de Eric Carpenter/John Kobal Foundation/Getty Images

pp. 76-7 Cortesia de Birkenstock Othopaedie Gmbh & Co. KG

pp. 78-9 Cortesia Clarks

p. 80 Cortesia Converse

p. 82 Foto de SSPL/ Getty Images

pp. 83-5 Cortesia Airwair International Ltd. (Dr Martens)

pp. 86-7 Cortesia Red Wing

p. 88 Foto de Chris Walter/WireImage/ Getty Images

p. 89e Gostaríamos de agradecer a Phillips-Van Heusen Corporation, proprietária da marca registrada BASS.

p. 89d Cortesia de Tod's Group

p. 90e Cortesia Sebago

p. 90d Gostaríamos de agradecer a Phillips-Van Heusen Corporation, proprietária da marca registrada BASS.

p. 91 Cortesia Sebago

pp. 92-3 Cortesia Tod's Group

p. 94 Cortesia Church's

p. 95 © Topfoto

p. 96 Cortesia Cheaney

p. 97 Cortesia Loake

pp. 98-9 Cortesia Sperry Top-Sider

p. 100 Foto de Carl Van Vechten/Corbis

p. 102 Markson Sparks/Rex Features

p. 103ab Cortesia Fruit of the Loom

p. 103mab Cortesia Jockey

p. 104 © Bettmann/Corbis

p. 105 © Sunset Boulevard/Corbis

p. 106 Cortesia Hanes

pp. 107-8 Cortesia Fruit of the Loom

p. 109 Michael Rougier/Time Life Pictures/Getty Images

p. 110 Cortesia Gieves & Hawkes

p. 111 Cortesia dos Arquivos de Publicidade

p. 112 Foto de John Kobal Foundation/Getty Images

p. 114 Foto de George Hurrell/John Kobal Foundation/Getty Images

p. 115e Cortesia Huntsman

p. 115d Cortesia Arquivo Hardy Amies

p. 116 Cortesia Anderson and Sheppard

p. 117 Cortesia Arquivo Hardy Amies

p. 118 © Bettmann/Corbis

p. 119ab Cortesia Arquivo Hardy Amies

p. 119mab Teresa McWilliams para arquivo Hardy Amies

p. 119d Cortesia Gieves & Hawkes

p. 120e Cortesia Gieves & Hawkes

p. 120d Cortesia Huntsman

p. 121 Copyright de Arcadia Group Ltd (antes chamado Montague Burton Ltd), 1939

p. 122 Cortesia Brooks Brothers

p. 123 Foto de Michael Rougier/Time Life Pictures/Getty Images

p. 124 © Bettmann/Corbis

p. 125 Cortesia Gieves & Hawkes

p. 126 Cortesia dos Arquivos de Publicidade

pp. 127-9 Copyright de Arcadia Group Ltd (antes chamado Montague Burton Ltd), 1939

p. 130ac Cortesia Gieves & Hawkes

p. 130ab Cortesia Anderson and Sheppard

p. 131 Foto de Silver Screen Collection/Arquivo Hulton/Getty Images

p. 132 The Kobal Collection

p. 134 Foto de Robert Whitaker/Getty Images

p. 135 Cortesia Gieves & Hawkes

p. 136 Cortesia Thomas Pink

p. 137 Cortesia Brooks Brothers

p. 138 © John Springer Collection/Corbis

p. 139 © Bettmann/Corbis

p. 140 The Print Collector/HIP/Topfoto

p. 141 MGM/The Kobal Collection

p. 142 Cortesia Brooks Brothers

p. 143 © Bettmann/Corbis

p. 144ace Cortesia Flamborough Manor

p. 144acd Cortesia Flamborough Manor

p. 144abe Cortesia Le Tricoteur

p. 144abd Cortesia Flamborough Manor

p. 145 Cortesia Le Tricoteur

p. 146 © 1956-2009 Tori Richard, Ltd. Todos os direitos reservados. Direitos autorais protegidos de acordo com a Convenção de Berna em todo o mundo. Qualquer cópia, distribuição ou adaptação não autorizada (incluindo dos desenhos retratados) é estritamente proibida e está sujeita a multa de até US$ 150 mil mais honorários advocatícios e custas nos Estados Unidos, além de penas substanciais de acordo com as leis do país em que qualquer violação ocorra.

p. 147 CBS-TV/The Kobal Collection

pp. 148-9 © 1956-2009 Tori Richard, Ltd. Todos os direitos reservados. Direitos autorais protegidos de acordo com a Convenção de Berna em todo o mundo. Qualquer cópia, distribuição ou adaptação não autorizada (incluindo dos desenhos retratados) é estritamente proibida e está sujeita a multa de até US$ 150 mil mais honorários advocatícios e custas nos Estados Unidos, além de penas substanciais de acordo com as leis do país em que qualquer violação ocorra.

pp. 150-1 Cortesia Lacoste

p. 152 Cortesia Fred Perry

p. 153ac Cortesia Lacoste

p. 153d Cortesia Fred Perry

p. 154 Foto de Popperfoto/Getty Images

pp. 155-7 Cortesia Pendleton Woolen Mills

p. 158 Cortesia Amor Lux

p. 159 Foto de Arquivo Michael Ochs/Getty Images

p. 160 Foto de Arquivo Hulton/Getty Images

p. 161 Everett Collection/Rex Features

p. 162 Foto de Arquivo Hulton/Getty Images

pp. 164-5 Cortesia Dunhill

p. 166 Cortesia Lock & Co/www.lockhatters.co.uk

p. 167 Foto de Anwar Hussein/Arquivo Hulton/Getty Images

pp. 168-9 Cortesia Brent Black

pp. 170-1 Cortesia Montblanc

p. 172 Paramount/The Kobal Collection

p. 173 Ray-Ban/Luxottica

p. 174 Cortesia Randolph Engineering Inc.

pp. 176-7 Cortesia Rolex

pp. 178-9 Cortesia Zippo

pp. 180-1 Cortesia Omega

p. 182ac Cortesia Arquivo Hardy Amies

p. 182ab Cortesia Gieves & Hawkes

p. 183 Foto de Hirz/Getty Images